El guerrero del interfaz

Serie OCTAVO MAYOR

DISEÑO DE LA COLECCIÓN: FER FERNÁNDEZ Y JORGE CARAMAZANA

TIPÓGRAFA: ESTHER PRIETO

AL CUIDADO DE LA EDICIÓN: FER FERNÁNDEZ Y XUAN BELLO

ILUSTRACIONES DE MAITE CENTOL

Miguel Rodríguez Muñoz

El guerrero del interfaz

EDICIONES KRK
Oviedo, 1996

KRK ediciones. Álvarez Lorenzana, 27. Oviedo
D.L.: AS-3050/1996
ISBN: 84-89613-25-7
Grafinsa. Oviedo

A mis compañeros y compañeras de derrota,
encantado de viajar en su compañía.

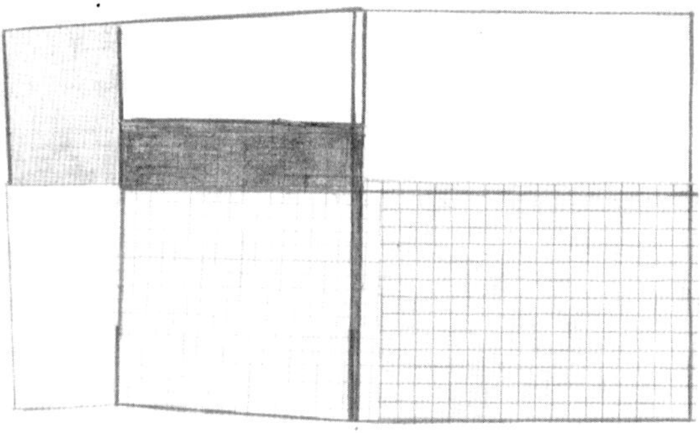

Ganas de aventura

Dormía la mañana del domingo en compañía de su mujer, cuando sonó el teléfono y despertó. Primero intentó pasar de la llamada, sumergiéndose en el sueño como si buceara en el agua, y la cosa coló porque el aparato enmudeció un rato. Pero después volvió a sonar y a repetir un estribillo que además de avisar metía prisa. Entonces dio unos codazos a su consorte para que se levantara a cogerlo. La esposa tenía el sueño pesado y no hizo mucho caso.

Descolgó el auricular con la mano izquierda, mientras se rascaba las partes con la derecha dentro de los calzoncillos. Entraba el sol a raudales en la salita y alguien al otro lado del teléfono preguntaba, sin el menor sentido de la oportunidad, por una empresa de pompas fúnebres, empeñado en encargar un féretro. Constestó secamente que se habían equivocado de número y que el marcado correspondía a una fontanería y al domicilio del fontanero. Había liberado la mano derecha de su actividad anterior y la movía en el aire para completar las explicaciones. «Lo siento», terminó diciendo con mejor tono, dispuesto ya a colgar, pero el otro todavía se desparramó contando que no tenía nada que ver con el muerto, salvo la vecindad de puerta con puerta, y que confundió fontanería con funeraria por consultar el listín sin las gafas de leer, olvidadas en casa cuando le avisaron del fallecimiento.

Colgó y, en un instante, enturbió con cagamentos la parte de anticiclón que se había colado en casa. Consultó el reloj de pulsera: eran las diez y media. Se acercó a la ventana, dudando si volver a dormir o darse por despierto, y vio el cielo azul, una avioneta que pasaba por allí y el sol, iluminándolo casi todo. El edificio de enfrente tenía la plaqueta más amarilla, el asfalto despedía un destello plateado y en la franja de césped que separa ambas calzadas la hierba estaba seca. La luminosa mañana invitaba a la vida. Había animación en la calle: jubilados, amas de casa, jóvenes con bolsas de playa y un cierto movimiento de coches. Vio también el culo de una pelirroja, las oscilantes semiesferas de sus nalgas, sobredimensionadas por la luz del sol, y sintió unas irresistibles ganas de aventura, una especie de llamada de la selva, y una enorme desazón porque lo tenía difícil.

Asomó entonces la mujer por la puerta, preguntando si no regresaba a la cama. «Es domingo», añadió en medio de un insinuante bostezo. Al marido aún le duraba la mala leche y, en vez de reparar en otras cosas, posó una mirada crítica en la cara abotargada por el sueño, en el Mickey Mouse de la camiseta, inflado sobre la tripa, y en los pompones rosa de las zapatillas de su señora, y pensó que era mejor dejarlo para otro día. «Tengo que irme a arreglar una fuga», improvisó sobre la marcha. La mujer puso cara de fastidio y se metió en la cocina a preparar los desayunos. Mientras ponía la mesa, malició gato encerrado en la urgencia, así que maquinó consolarse dándole al chocolate y los pepinillos toda la mañana y pasó de comerse más el tarro.

Subido en la furgoneta iba cavilando que al matrimonio, como a los grifos, había que cambiarle la goma de vez en cuando para que no gotease. Aparcó una manzana más allá. En la primera cabina de teléfonos faltaba el micro del aparato y en la segunda las monedas eran devoradas sin prestar servicio a cambio. «Esto me pasa por no tener motorola», se reprochó. Cuando logró llamar desde un bar, no contestó nadie al primer número y al segundo respondió, «¿quién es?», una voz de marido que frustraba el intento, y ya sólo por fastidiar habló y dijo que llamaba de la funeraria para aclarar algunos datos del pedido, concretamente las medidas de la caja.

Había agotado los recursos de la agenda y toda posibilidad realista de pegársela a su señora. No tenía más remedio que dar por reparada la avería. Así que volvió a casa con las ganas.

Al verle aparecer, su mujer sintió mala conciencia y concluyó para sus adentros que siempre que pensaba mal se equivocaba. «Tienes otro aviso», le informó con la boca llena.

Era la hora del mediodía, el sol caía a plomo sobre la tierra, se colaba por el cristal del parabrisas y le asaba medio cuerpo debajo del mono. En el último semáforo, tuvo que quitarse de encima a un tipo duro que vendía kleenex con cara de pena. En la ronda había gente haciendo autostop, y su primera intención fue no coger a nadie pero vio al final, distanciada de la fila, a una joven de minifalda tejana y cabello pajizo y pensó que quizás la mala pata de la mañana se viera compensada con un inesperado premio. «Ésta es la mía», se dijo, convencido de que estaba chupado seducir a la viajera. «Por mucho que se inunde el adosado, no hay vecinos debajo», rumiaba para sí. Al arrimar el vehículo al arcén, apreció que la mujer estaba flaca, pero observó con satisfacción que lucía dos peras maduras bajo la camiseta de tirantes y que el sumidero de las caderas era mullido. Se fijó también en que llevaba zapatos de tacón y después la perdió un momento de vista. Paró el vehículo, abrió la puerta, y asomó la cara de una adolescente sudada.

—Trabajo en la carretera —informó la chica con naturalidad, sin hacer ademán de subir, esperando respuesta. «¿Cuánto?». Posó un pie en el estribo e hizo emerger una rodilla huesuda. «Tres mil». En su rostro convivían rasgos blandos y gestos fieros. «Por adelantado», añadió con media sonrisa mientras trepaba al asiento.

Era la tercera vez en su vida que iba con una prostituta. Una tuvo lugar siendo muy joven, otra en la noche de su despedida de soltero, y ahora repetía al tercer año de matrimonio. Recordaba esa sensación, la percibía claramente: había un morbo, una atracción especial en hacerlo con una puta, tenía algo de impetuoso, de salvaje.

Cerró el trato en un periquete y dio marcha al vehículo, que partió echando humo por el escape. Sentía su propio sexo como una palanca de cambios con la primera metida. El intenso tráfico de la autovía y las curvas de la carretera no le permitían poner manos a la obra y disfrutar algún anticipo y todos los escarceos con la mujer se limitaban a posar una mirada glotona en el sitio donde la falda y las piernas hacían frontera y a rozar la cara exterior del muslo con la mano derecha al encajar la cuarta. Dejó que el deseo macerara y se embobó pensando en las guarradas que haría al llegar a destino. Invitó a la joven a fumar e improvisó un par de chistes verdes que no conmovieron su humor ni la llevaron a despegar los labios, pues iba con cara de pasar de todo, pendiente sólo de la ruta.

Deslizaría la mano por sus muslos y la besaría, haría ambas cosas al mismo tiempo o invertiría el orden. Las cábalas aumentaban el apetito. Metería la mano por el escote, desnudaría sus pechos y posaría los labios en el fruto diminuto que los adornaba. Quedaba sin tarea un brazo. Mantendría una mano hurgando bajo la camiseta y con la otra merodearía sus bragas, en tanto la besaba y acariciaba sus nalgas. Le faltaban manos. La besaría, rodearía su cuello con el brazo derecho, que haría descender hasta alcanzar con los dedos los pezones, y colaría la otra mano por la barriga, aunque quizás pasara de prólogos pues estaba como una moto.

—Aparca ahí la furgoneta —la chica le indicó un colector, atravesado por un regato, bajo la muralla del ferrocarril.

Paró el motor dentro del túnel. No esperó más, se abalanzó sobre ella e hizo lo primero que le vino a la cabeza: besarla en el morro a rosca. No hubo tiempo de buscar ocupación para los brazos. Pasó un tren a toda leche arrastrando un montón de vagones que dejaban en el aire una impresión de terremoto de baja intensidad, lo bastante contagiosa como para afectar a la joven, presa de una trepidación exagerada para el caso. El beso había empezado perfecto, pero la tiritona impedía mantener la posición de los labios. Se oyó a continuación un clarín, un toque prolongado y vibrante que se adueñó del aire, sonó prometedor, como soplado por un ángel que anuncia una buena nueva. Algo raro sucedía.

Separó la cara y quedó pasmado mirando. La joven se había transformado. Parecía más gorda y olía a rosas. Ya no vestía falda tejana sino escocesa a media pierna, no exhibía los hombros al aire sino una blusa de seda con escudo bordado y un jersey a la espalda, no estaba despeinada sino con un moño impecable y la rubia cresta coronada por una diadema de oro y brillantes. No tenía aspecto de prostituta, sino aire de princesa: empaque, joyas caras e incluso expresión alelada. Notó un repentino cambio de velocidad interior que le puso al ralentí.

—Besas fatal, pero me has librado del encantamiento. Te estoy muy agradecida. Aquí donde me ves, no soy una mujer de la calle sino una princesa de un país remoto. No hago la carrera por voluntad, sino por culpa de la razón de estado. Mi padre quiso servir al interés general del reino, desposándome con un príncipe extranjero, a quien fui incapaz de amar y cuyo lecho me negué a compartir porque sudaba mucho. En contra de lo que sucede en estos casos, el príncipe se colgó de mí, tomó fatal el desafecto y se dedicó a maltratarme. Primero me puso a parir en la prensa y luego contrató los servicios de un doctor en ingeniería química, experto en sucedáneos, que fabricó un tocinillo de cielo edulcorado con un filtro, cuya degustación el día de mi onomástica me metamorfoseó en puta. Llevo cinco meses exiliada en la autovía.

No sabía si sucumbir a la admiración o al cabreo, dudaba si era testigo de un milagro o víctima propiciatoria de un timo nuevo. Echó el freno de mano a la furgoneta y aprovechó para cerrar la boca, que le había quedado abierta. Iba a decir algo, sin tener muy claro qué, pero la princesa le ordenó silencio con un gesto.

—Tu beso me despertó de la cruel pesadilla en que me hallaba sumida y me reintegró la realeza arrebatada. El hechizo se rompió porque tu conducta distó para bien de la de los hombres que me tomaron hasta ahora. Eres el primero que me besa antes de meterme mano. La Bella Durmiente fue en segundas nupcias tatarabuela de un bisabuelo mío por línea materna, corren por mis venas sus mismos genes azulados y experimento idénticas reacciones ante los desafíos del medio ambiente.

Quería hablar para decirle, más o menos, «no te quedes conmigo, aquí vinimos a lo que vinimos», iba a montarle algo de bronca, tenía esa intención, pero no le salía la voz por más que lo intentaba. La princesa era dueña absoluta de la palabra y le había dejado mudo. Un resorte íntimo le accionaba la marcha atrás.

«En pago por el favor, puedes pedir tres deseos». Ya no era la esfinge de antes, ahora le miraba con sentimiento, con una cierta compasión. «Quiero echar un polvo», propuso, necio, nada más recuperar el don de la palabra. «Si no me enrollé con el príncipe, menos lo voy a hacer contigo que hueles a silicona. Has desperdiciado un deseo, pide otro». «Pues devuélveme las perras», insistía, zamarro. «Vale. Pide una cosa más, te queda un deseo».

Se detuvo a pensarlo. Mesó el cabello, rascó el sobaco, volvió a pasar la mano por el pelo. Sintió inflarse en su cerebro una burbuja, al principio opaca y diminuta, luego luminosa y gorda, después la bola de aire reventó y de su interior salió una idea, que se apresuró a soltar: «¡quiero pasarlo bien siempre!».

—Para satisfacer ese deseo, tengo que darte un beso —aclaró la princesa. A continuación, le rozó el morro con los labios e introdujo en su boca levemente la lengüita.

En ese momento, pasó como una centella un tren en dirección contraria, un convoy de muchas unidades, cada una con su ruidoso traqueteo.

Experimentó una sacudida interior, una especie de seísmo que recorría su cuerpo, le mudaba la piel y liberaba su instinto. Percibió también un desplazamiento hacia la panza del centro de gravedad de su persona. Se sentía muy bien. Tenía unas enormes ganas de gozar y algo de calor. Abandonó la furgoneta por la ventana de un solo salto, y de otro se tiró al regato. Buceó un rato, emergió a la superficie y en plan relax se dedicó a lanzar chorros por la boca y a provocar ondas. El agua estaba deliciosa. Luego vio en la otra orilla del remanso a unas ranas haciendo nudismo y braceó a su encuentro con mucho estilo. Por el camino, llamó «¡negraza!» a una renacuaja de curvas muy pronunciadas, que celebró encantada la gracia. «Ya lió a otro esa fantástica», comentó una rana añosa, de colmillo retorcido, según se acercaba al grupo. Era el sapo más feliz del mundo.

ESPECIAL
CLASE

Desaparecidos

Algunos eran vistos paseando por los arcenes de las autopistas, en una determinada rampa, en una determinada curva, alguien cuando viajaba reconocía a alguien a lo lejos, sobre una rasante, o a unos metros, de pronto perfilado sobre el talud. Luego su imagen se esfumaba. Esas cosas se sabían. Había quien se negaba a creerlo y replicaba que no eran ellos sino el espectro de los accidentados, que vaga a veces por el lugar del siniestro. Nadie desaparece así como así, mucha gente se fuga por problemas de dinero, de trabajo, con la pareja o con la policía, o enferma de sida y su familia lo oculta, decían. Pero cada día hay nuevos rumores de parientes, vecinos, conocidos que faltan desde hace tiempo, en cuya vuelta ya nadie confía, de esposas y familiares que se echan a la carretera y hacen kilómetros y kilómetros con el afán de vislumbrar la efigie volátil del ausente, o casos de parientes que cogen el coche y se ponen a dar vueltas a la desesperada por la ciudad, deseosos de cruzar la frontera que tragó a su padre, su marido o su hermano desaparecidos. Y tenía miedo. No decía nada y conducía el camión como si todo fuera normal, aunque tenía miedo. Esas cosas se sabían, pero no se hablaban y no existían oficialmente ni en los partes de la policía ni en las declaraciones de los políticos ni en la información de la prensa. Hay silencios que borran las cosas hasta hacer que no existan, silencios potentes capaces de manipular la realidad y derogar parte de ella.

Estaban todavía en la calle sesenta, a la altura de los minicines, y el tráfico de vehículos empezaba a engordar como siempre que llovía. La tromba había sido fuerte, tanto que por segunda vez en la noche salían a desaguar una zona anegada. La falta de un carril para los servicios públicos complicaba el desplazamiento. Las luces giratorias no bastaban por sí solas para abrir paso, tenía que poner la alarma. No importaba que el aullido electrónico impidiera oírse dentro del vehículo, la conversación inicial se había agotado y todo el equipo iba mudo. Subió el volumen de la emisora, por si transmitían algún aviso desde el cuartel. Siempre que se acercaban al centro y el tráfico espesaba, espesaba también el silencio en la cabina. Hay veces que el mutismo no puede con las cosas, demasiado tercas o compactas para esfumarse, y, aunque se ignoren o se den por no existentes, adquieren volumen, ocupan un sitio que tarde o temprano se percibe. Todos los miembros de la dotación tenían miedo, pero lo disimulaban como a veces disimulaban el miedo en los incendios o en los rescates.

Salió de la calle sesenta por la cincuenta y siete y entró en la sesenta y dos, por la que circulaban menos coches, lo que compensaba el rodeo.

Fue explicable la censura cuando la policía relacionó el exceso de víctimas en atropellos con apuestas entre bandas rivales, porque la misma publicidad fomentaba esa pugna criminal. Tuvo sentido mientras se usó para desbaratar esa especie de ruleta de la muerte que ganaban quienes conseguían huir indemnes, dejando un trágico rastro de peatones embestidos de un golpe de volante y un acelerón, derribados con el morro, las aletas, las ruedas del automóvil, porque en esos casos las cifras de la prensa sobre muertos y lesionados formaban parte del juego, resolvían el envite. Pero en esta ocasión el hermetismo de las autoridades era peor que suicida, una especie de genocidio lento, consentido, al que no se ponía ni siquiera el remedio de la información y la advertencia. Alguien filtró que la secretaria del ingeniero-jefe del parque había tenido acceso a un informe técnico, mandado luego destruir, en el que su jefe especulaba con las leyes de la Física, con la atracción gravitatoria de los cuerpos, con la formación de masas y campos atravesados por corrientes de un magnetismo tan intenso que desintegraba la materia. Alguien dijo que no se publicaba nada porque no había una explicación oficial y las cosas que no tienen explicación pueden resultar peligrosas, y dijo además que así se evitaba la alarma y que la gente desistiese de antemano de circular por los túneles de peaje que se construían en el subsuelo. Aunque también corrían historias para todos los gustos, relatos peregrinos en los que se mezclaban los ovnis y una suerte de comercio de esclavos intergaláctico, el narcotráfico y los ajustes de cuentas, la hechicería y los rencores de los inmigrantes.

El agua había cortado el paso en varias calles, desplazando a otras el torrente de vehículos, donde volvían los embotellamientos y el discurrir lento.

No parecía que hubiera constancia de ningún camión desaparecido, mucho menos de ninguna cuba de bomberos. Esa información era segura, venía de la policía, de los taxistas, de las denuncias recibidas en centralita, que se referían sólo a coches. Pero tenía miedo. Salvo el caso de un cura que regresó chiflado y se quitó la vida al poco, nadie había vuelto.

Siempre que se cerraba al tránsito alguna calle, los semáforos causaban el efecto de una brújula loca, apuntando hacia el abismo, y las retenciones se multiplicaban. Conducía pensando que el atasco era inminente y de nada servirían las luces, las sirenas y el color rojo del vehículo para no quedar atrapados. Alguna vez habían tenido que intervenir, con la ayuda de grúas y sopletes, durante días, abriendo paso, desempotrando automóviles, retirando alguno de las fachadas. En esas ocasiones, entre los retenidos siempre enfermaba alguien o moría o lo apuñalaban o paría una mujer y volaban las carteras de los bolsillos. No había carril para bomberos en todo el distrito, pero daba lo mismo porque cuando el tráfico hinchaba era como un río desbordado, lo arrasaba todo. Ya iba por la quinta o sexta vez que se veía obligado a detener la marcha del camión.

Sentía miedo, no podía evitarlo. Temía verse prendido en la vorágine, en el caos, inmovilizado en medio de miles de autos inmovilizados o haciendo rutas interminables, incapaz de controlar el rumbo, arrastrado por el ímpetu de la corriente. Temía verse succionado por un socavón, abierto y cerrado al instante, viajando por el tenebroso laberinto de las conducciones subterráneas para toda la eternidad, o acabar desintegrado en el aire, fundido con el humo de los escapes. Sabía que algunos vehículos se esfumaban en los atascos y desaparecían para siempre el coche y las personas, y no dejaban rastro, no regresaban nunca, fuera de lo que decían de los aparecidos en las autopistas.

Dejó de sonar la alarma. El sargento había oprimido el interruptor para hacerse oír. «Vuelve a haber contaminación», dijo. «Vamos a poner las máscaras».

TABLA PITAGORICA

1	2	3	4	5	6	7	8	9	10	11	12
2	4	6	8	10	12	14	16	18	20	22	24
3	6	9	12	15	18	21	24	27	30	33	36
4	8	12	16	20	24	28	32	36	40	44	48
5	10	15	20	25	30	35	40	45	50	55	60
6	12	18	24	30							
7	14	21	28	35							
8	16	24	32	40							
9	18	27	36	45	54	63	72	81	90	99	108
10	20	30	40	50	60	70	80	90	100	110	120
11	22	33	44	55	66	77	88	99	110	121	132
12	24	36	48	60	72	84	96	108	120	132	144

Luis, esperando llamada de Marisa

Suena el teléfono y su clamor me sorprende inmerso en la lectura de una novela de detectives, me pilla en un muelle de Estambul contemplando las sucias aguas del Bósforo, en cuya superficie flota el cadáver de un hombre, y me devuelve a la pacífica y tediosa realidad de mi casa. ¿Quién llamará? Suena tres o cuatro veces más, hasta que, caminando paso a paso, casi a la pata coja, me acerco a descolgarlo. «¿Sí?». Nadie habla. «¿Sí?». Misterio. Sólo se oye ese rumor de fluido, ese ulular de los hilos de la red que a menudo aflora por el auricular, como un telón de fondo de las palabras. Pienso que se trata de otra de esas extrañas llamadas de los últimos días, una de esas enigmáticas llamadas del silencio. Alguien se dedica a marcar mi número y callar la boca cuando descuelgo, por el sólo gusto de oír mi voz y notar mi desconcierto, alguien se entretiene a mi costa con juegos de adolescente. «¿Sí, sí?». Silencio. Luego emerge una voz subterránea que lo corta, la voz cansina, derrotada, de una mujer mayor. «¿Quién es?». «Soy Luis». Silencio de nuevo, el silencio de quien calla porque duda y cavila. «¿Está ahí Mari Celi?». Ahora habla con más firmeza. Su voz delata que en su fuero interno, superado el desconcierto inicial, se halla dispuesta a cualquier imprevisto y que malicia gato encerrado. «No, no. Yo creo que se equivocó de número». «¿Qué dice?». Pregunta con la inflexión de quien no se lo puede creer, de quien reclama aclaración sólo por comprobar que oyó mal. «Que yo creo que usted quería llamar a otro sitio, pero se confundió de número». «No, no, no, yo marqué bien. Estarán las líneas cruzadas». «Bueno, será eso». Colgamos. Regreso a saltitos al sillón.

Llevo tres días recluido en casa, de baja, con el pie derecho escayolado por un esguince que sufrí jugando al fútbol en la playa. He llamado varias veces a Marisa para que venga a visitarme y no soy capaz de localizarla: o suena el teléfono sin que nadie lo coja o salta el contestador. «¡Hola! Soy Marisa. En este momento no puedo atenderte. Lo siento. Si deseas dejar algún recado, puedes hacerlo una vez que se oiga la señal. ¡Gracias!». Barrunto que entró de turno de noche y manipuló el teléfono para que nadie le interrumpa el descanso. No suelo hablarme con el contestador automático, nunca hago uso de sus servicios, me parece un interlocutor antipático, un entrometido que sale al paso a darte con la puerta en las narices. Siempre hago clic cuando empieza a recitar sus formularias disculpas. Me encuentro incómodo, hasta ridículo, dictándole mensajes comprimidos a un aparato remoto, preparado para registrar mi palabra y luego chivarla, siento una rigidez en la expresión que no experimento cuando al otro lado del hilo hay una oreja, aunque sea anónima. Esta vez, en cambio, tras pensarlo un poco y maquinar varias frases, dejé algunos avisos, todos del mismo tenor. Aunque tuve la tentación de ser directo, de sorprender con la verdad, de decirle que la llamaba porque me moría por ella, renuncié a grabar en el contestador ningún mensaje de amor, no fueran a salirme frases ridículas, sin la menor enmienda posible. Tampoco quise dejar un aviso aséptico, realista, algo así como anunciarle que, debido a la lesión, tardaría un par de semanas en verla. Opté por una vía intermedia. «Marisa, ¡hola!, soy Luis. Estoy encerrado en casa con una pata rota. Si puedes, pasa a verme. Un beso».

Conozco a Marisa desde hace un año aproximadamente. Fuimos compañeros unos meses en una academia de idiomas, en la que se matriculó por tener una excusa para pedir la jornada fija de mañana en el hospital, pero, al no conseguirla, perdió interés por las clases y desistió de continuar. Mientras se ocupó del inglés, iba a veces por casa a ponerse al día en los temas atrasados. Teníamos una relación tan ceñida al estudio que, aunque pronto ansié ligar con ella, no acertaba nunca a cambiar de registro e iniciar el cortejo. No volví a verla hasta la semana pasada, el sábado por la noche, tomando copas. Me recibió muy acogedora, simpática. Había cambiado de aspecto, traía rizado el pelo, la pintura realzaba sus labios carnosos, estaba guapísima. Charlamos amigablemente hasta la madrugada, pero la mirada se me iba tras esos morros que invitaban al vicio o buscaba complicidades en unos ojos que no rehuían a los míos. Estuve a punto de abrazarla en el muelle, pero me contuve y lo dejé para otro día. Quedé con las pilas cargadas y la promesa de vernos de nuevo.

Me gusta mucho, haría lo que fuese por enrollarme con Marisa. Espero su llamada de un momento a otro. Cada vez que suena el teléfono, pienso en ella y, como si el pensamiento inhibiera la acción imaginada, nunca es ella. Hoy viví ese espejismo varias veces, todas cogí el aparato persuadido de que iba a oír su voz. La primera en llamar fue una empleada de unos grandes almacenes, interesada en saber el motivo por el que hace tiempo que no uso la tarjeta de compra. Hablaba con el tono típico de las operadoras de hipermercado, con voz cantarina y seductora, como un ángel del paraíso ofreciendo manzanas. Estuve a punto de decirle que sólo quería la tarjeta para abrir puertas y asaltar pisos, pero por prudencia, no fuera a carecer del menor sentido del humor, me limité a declarar que me había pasado a la competencia. Sin inmutarse ni renunciar al amaneramiento, me replicó que si cambiaba de parecer no dejase de visitarles. Se manejaba con mucho oficio, como si hubiera hecho varios *masters* en declamación cursi y fuera la vez un millón que sostenía el mismo diálogo. A lo mejor, no era una mujer sino el disco duro de un ordenador, programado con un repertorio variado de conversaciones para clientes estándar y algunos menús para raros. Nada más colgar, sonó de nuevo el teléfono. Al cogerlo, me encontré con la áspera voz de mi jefe, que, so pretexto de unas facturas que no localizaba, quería comprobar si me encontraba en casa o por ahí haciendo el maula. Después llamó Roberto para anunciarme su visita y preguntar de paso si necesitaba alguna cosa. Le encargué un periódico, tabaco, filetes, tomates y unos vídeos, consciente de que con el encargo se esfumaba una buena disculpa para liar a Marisa, pero la precariedad de mi situación lo imponía. Cuando trajo el pedido, me regaló una china de hachís, detalle que le agradecí. Al producirse la última llamada, según me aproximaba al aparato, iba desechando la tentación de adivinar de antemano al autor por no llevar un nuevo fiasco, pero en el fondo tenía clara su identidad.

Regreso a Estambul, al austero despacho de un coronel del servicio de inteligencia turco. Suena de nuevo el teléfono. ¿Quién será? No puede tratarse de otra persona equivocada de número, le toca el turno a Marisa. «¿Diga?». Nadie contesta, otra vez el silencio. «¿Diga?». Mutismo total, la misma broma siniestra. Desisto de preguntar pero no cuelgo, presto a mantener el pulso. Mi oído se hace al silencio, y empiezo a percibir poco a poco una tenue, lejana respiración. La voz de la vieja irrumpe de nuevo. «¿Quién es?». Su voz suena triste. «Soy Luis, el mismo de antes». «Mari Celi, ¿no está ahí?». «No, ya le dije que no. Usted, ¿a qué número llama?». «Espere un momento, que tengo aquí las gafas». Recita mi número. «Ese es mi teléfono, pero aquí no vive ninguna Mari Celi. Tiene que haber algún error». «Lo tengo bien apuntado, ella misma me lo dio», replica sin retroceder un ápice. Intento ser amable. Adopto un tono persuasivo, renuncio a mentar ninguna confusión y hago hincapié en que no conozco de nada a Mari Celi. El tiro me sale por la culata. La mujer no da muestras de convencimiento, pero percibe en mí una actitud más receptiva que la anima a confesarse. No veo manera de colgar. Me cuenta que Mari Celi fue su vecina de puerta hasta hace unos días, en que se mudó de piso, dejándole ese número como nuevo teléfono. Estoy a punto de decirle que no, que ése no, mas cierro el pico por prudencia. Se extiende explicándome que es viuda, pero que gracias a Dios se arregla bien y no le falta nada, que tiene una hija casada, trabajando en Suiza, que la visita todos los veranos con su marido y los niños. «Voy a dejarla, señora». Me veo obligado a repetirlo varias veces, a emplear una creciente sequedad para hacer ostensible lo tajante de mi decisión. Termino por decirle adiós y abandonarla con la palabra en la boca. Al colgar el teléfono, observo la habitación medio en penumbra, apenas entra luz de la calle, se está haciendo de noche. Enciendo una lámpara. Vuelvo a Turquía, aunque por poco tiempo, pues tomo un tren para Bulgaria, y me olvido de la señora.

La tregua dura hasta París, donde decido abandonar la lectura para ponerme a cenar algo y ver la tele. Cierro el libro, y suena el teléfono. ¡Marisa!, ¿quién va a ser si no? «¿Sí?». No contesta nadie. «¿Diga?». Silencio, el puto silencio otra vez. En esta ocasión, cambio de táctica, tomo la iniciativa y largo la bronca, digo que ya está bien de incordiar, que estoy harto de llamadas, que voy a avisar a la policía. Empleo tono de malhumor, repito «¡cojones!» dos o tres veces por exagerar el cabreo y luego quedo en silencio, desconcertado ante la falta de respuesta, incómodo por la sensación de vacío, de platicar con un fantasma. «¡No me riña, señor! ¡No se ponga así conmigo!». La mujer habla con voz suplicante. «¡Cómo quiere que me ponga, si no cesa de molestarme!». «Es que necesito encontrar a Mari Celi», insiste, necia. «¡No empiece otra vez!». Pero empieza y me cuenta que Mari Celi dejó bajo su cuidado, mientras hacía la mudanza, a su hija, un bebé de meses, y que ya habían pasado dos semanas sin noticias de la madre. «¿Cómo dice?». Ahora soy yo quien se resiste a creer lo que oye, quien expresa con el interrogante sus reservas. Repite la historia y me explica además que Mari Celi vive sola y no tiene un marido que la ayude, pues se separó ya antes de nacer la niña porque el hombre la maltrataba. No sé si escucho una fábula inventada por una anciana demente o una historia real y cutre como la vida misma. Me abruma su tono de confidencia que me introduce sin desearlo en la intimidad de otros, pero la mujer me conmueve. Sigue hablando y me aclara que Mari Celi es muy buena chica y muy atenta, por lo que le extraña mucho la falta de noticias, y no sabe qué pensar ni qué hacer, está muy preocupada. Salvo lo insólito del drama, no noto en el relato ninguna incoherencia, ningún juicio fuera de lugar, no aprecio tampoco titubeos en la vieja, nada que denote una inspiración fantástica. Le digo lo único que se me ocurre. «Debe avisar a la policía». Pero la señora lo tiene claro. «No puedo, si la aviso me quitan a la niña». No deseo discutir con ella, sé que es inútil. Para ganar tiempo, en tanto discurro algo, le pregunto por la criatura. Me contesta que está bien, pero hay en su respuesta vacilación, una especie de puntos suspensivos que me incitan a insistir. «¿Bien del todo?». «Está bien, sí, aunque a veces se pone rara». «¿Sí?». «Sí. No me lo va a creer. No habla nada todavía, pero, cuando se enfada, me insulta». «¿Cómo?». «Sí, sí, me insulta». La vieja desbarra. «Si no sabe hablar, ¿cómo puede hacerlo?». «¡Dice palabrotas y cosas feas!». Lo afirma rotunda, entre ofendida y extrañada.

La rareza de la niña me hace ver claro, como si fuera la pincelada que ilumina todo el lienzo. No hay ningún bebé en danza, probablemente tampoco ninguna Mari Celi, sólo una anciana chiflada, a la que alguna obsesión empuja a marcar mi número de teléfono. Por buscar una salida, le digo que no se preocupe, que no dejará de aparecer Mari Celi a hacerse cargo de su hija, y luego le insisto mucho, incluso con amenazas de denuncia, en que no me vuelva a llamar.

Mientras ceno, pienso en la vieja, trastornada quien sabe si por la soledad o por los años o por ambos motivos a la vez. No acierto a explicarme ese azaroso discurrir de las cosas que puso en su agenda mi número de teléfono. Puede suceder que Mari Celi exista, que haya vivido cerca de la anciana, pero ésta quizás fuera como vecina igual de pesada que con el teléfono, y la chica se mudó de piso por quitársela de encima, proporcionándole un número falso, que por pura mala pata coincide con el mío. O a lo mejor, Mari Celi sustituye en los delirios de la vieja a la hija ausente. Ato cabos y concluyo que las llamadas misteriosas de estos días eran suyas también. Resulta un desenlace algo decepcionante para el enigma, pero sobre todo temible. Si a la vieja le da por seguir insistiendo, ¿qué hago?, ¿aviso a la policía, a la telefónica o a un departamento de servicios sociales?

En la televisión no ponen nada de interés, así que me veo abocado a ver un vídeo de esa saga numerosa de películas que tienen por héroes a unos macarras justicieros, policías de New York. Roberto es muy buen tío, pero de un gusto pésimo para escoger cine. Suena el timbre del teléfono, una, dos, tres, pausa, vuelta a sonar. No lo puedo creer, va a ser otra vez la vieja. Me acerco tan indignado que olvido que no debo posar del todo el pie maltrecho, y camino sin ningún miramiento. Al coger el aparato, el cable está enredado y el teléfono se me cae al suelo con estrépito. «¿Qué pasa ahora?», digo con hostilidad, cuando consigo ponerme a hablar. «Hola, Luis, soy Marisa. ¿Cómo estás?». «¡Marisa!». Su llamada me sorprende, ya no la esperaba. Me noto invadido por la emoción, lleno de sentimiento, un poco azotado. Sólo lo percibo yo pero es bastante para ponerme rígido y sacar un tono de voz adusto, incontrolable, que me hace hablar sin gracia, con la incómoda sensación de carecer de soltura y de reflejos. Así que le cuento la historia de mi esguince como quien narra una tragedia. Marisa me pregunta muy profesional si me pusieron férula de escayola o venda de zinc y luego se despacha con dos o tres consejos. No le impresiona nada el percance. Me explica que no puede pasar a verme hasta después del fin de semana, cuando regrese a Valladolid un amigo que vino a visitarla. Sus disculpas caen sobre mi persona como un jarro de agua fría y, según discurre el parloteo, voy sintiéndome cortado, cada vez menos ocurrente, hasta quedar vacío y despedirme, quizás con precipitación.

¡Oh, Dios mío, qué decepción y qué bochorno! Me dan ganas de blasfemar. No tengo nada que hacer con Marisa, es evidente, los mensajes de socorro fueron inoportunos, precipitados, mi reacción al teléfono, decepcionante. Para una vez que me lanzo un poco, la aventura me sale mal. Me pasa por colgarme de la noche a la mañana, a lo tonto, casi sin venir a cuento, por no pensar las cosas dos veces ni medir las situaciones. ¡Qué complicado resulta todo! Si supiera escribir, contaría la historia de un individuo que no ligaba nunca porque era muy tímido, así que, dispuesto a enmendarse, sustituyó con gran esfuerzo el apocamiento por un cierto desparpajo, pero no le sirvió de nada, siguió sin comerse una rosca e hizo además el ridículo.

Estoy viendo el vídeo, asisto a una comprometida persecución por los túneles del metro, vuelo sobre los rascacielos o corro a toda leche por las autopistas, sin saber muy bien por qué, completamente distraído. En las películas, disfruto mucho las escenas de viaje, me gusta esa sensación de ir en tren o en el interior de un vehículo a toda velocidad, aunque a menudo no me aclare de los motivos del desplazamiento. Con la vida me ocurre algo parecido, es una película que me zarandea de un sitio para otro y me entretiene, sin que acierte a cogerle el tranquillo.

Cuando me llamó, Marisa estaba en casa con el amigo, así que a continuación seguramente le habrá hablado de mí y le explicaría, riendo, que curro en una granja de conejos y, a carcajada limpia, añadiría que la granja está ubicada en un polígono industrial. Además de cornudo puedo sentirme, pues, apaleado. A Marisa siempre le hizo gracia mi empleo, lo que a decir verdad me incomoda algo, pues sospecho que esa manía de verle sólo el lado cómico la impide tomarme en serio. Trabajo de administrativo en una empresa, manejando un programa informático que controla el debe y el haber, así como la vida sexual y las digestiones de miles de conejos de raza California enjaulados, desde el número de cubriciones, partos y crías hasta el pienso que consumen las hembras paridoras o los animales de engorde. Cuando un día propicio a las pequeñas confidencias, le revelé mis cometidos laborales, se burló de mí diciendo que tenía un oficio genial, «contable de polvos», y esa observación la hizo troncharse de risa. Desde entonces, cada vez que nos vemos me pregunta lo mismo: «¿qué, hoy cuántos?». Para quien no constituye un medio de vida, no deja de tener su coña el frenesí sexual de la granja, sobre todo comparado con el amor con cuentagotas de nuestra vida diaria. Al principio, también a mí me hacía gracia, incluso me causaba una vaga excitación tanta cópula. Luego todo me pareció normal, rutinario, aburrido, y hasta dejé casi de percibir el agrio hedor de la explotación, que se pega a la piel y a la ropa sin abandonarte nunca. Quizás sea una obsesión, pero siempre que me enrollo con una tía, hay un momento en que ese olor irrumpe inoportuno en mis narices.

Bien pensado, lo que más me humilla es que sea uno de fuera quien venga a pisarme un ligue.

Antes de ir para la cama, me pongo a liar un porro. Ya que no tengo más remedio que acostarme con la derrota, que sea al menos con un colocón que me adormezca. Apenas pego tres o cuatro caladas, suena el teléfono, rompe el silencio como una maldición, casi violento. No creo que se trate de Marisa, sino de la vieja maníaca otra vez. ¡Vaya cruz que me cayó encima! Tendré que dejar el aparato desconectado y pensar mañana en tomar alguna resolución. Dudo si descolgar o no, demoro hacerlo. «¿Diga?». Me mueve una mezcla de ira y curiosidad. «¿Diga?». Nadie habla. Voy a desistir, mas percibo de nuevo la respiración de la anciana y repito «¿diga?» por animarla a hablar y conminarla al orden. Insisto una y otra vez pero no responde, y, antes de colgar, oigo lejana, aunque nítida y sobrecogedora, la voz de una criatura repelente que grita con rabia: «¡vieja inútil!», «¡vieja inútil!».

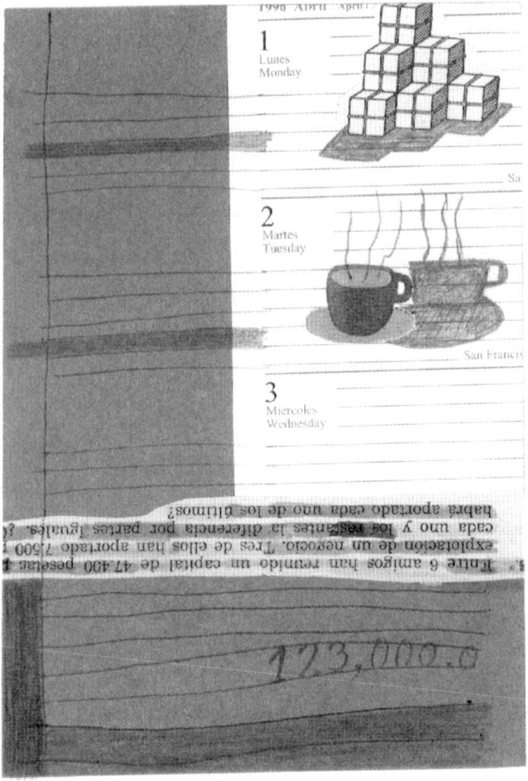
1996 Abril April
1
Lunes
Monday
2
Martes
Tuesday
San Francis
3
Miercoles
Wednesday
Entre 6 amigos han reunido un capital de 47.400 pesetas
explotación de un negocio. Tres de ellos han aportado 7.500
cada uno y los restantes la diferencia por partes iguales. ¿
habrá aportado cada uno de los últimos?
123,000.0

La suerte no estaba de su lado

Avanzaba por el pasillo hacia la caja, dispuesto a pagar y marchar, cuando notó sobre sí el centelleo de una mirada y descubrió al hombre gordo plantado a la puerta del supermercado, acompañado de más gente, reparó en su talante bronco y en sus aspavientos y vio cómo le señalaba con el dedo, avisando a los otros de su presencia. Recordaba al tipo perfectamente: era el individuo que momentos antes le había salido al paso en la escalera de una casa, alertado por los gritos de la vecina de arriba. No había cometido ningún delito, no tenía por qué huir, pero renunció a continuar, no tenía ganas de aguantar el chorreo de nadie. Cogió en un expositor un cubo de detergente para lavadoras y retrocedió hasta la zona de congelados, donde lo abandonó al pie de un arcón. Entre la pescadería y la frutería, había una puerta batiente, de doble hoja, con un rótulo encima en el que ponía «privado». Asomó la cabeza, presto a evadirse, pero se topó con un empleado cargando mercancías en un contenedor. «Prohibido el paso», le apercibió el sujeto, casi de malos modos. Siguió deambulando con la litrona en la mano, haciendo que prestaba atención a los surtidos de galletas, a las ofertas de yogures o a las mermeladas *light,* aunque pendiente sólo del pasillo. En el local había poca gente, apenas media docena de señoras, todas con carrito, todas concentradas en examinar los productos, tocándolos, mirándoles el precio. No parecía que nadie de quienes le esperaban hubiera entrado. En un espejo vio reflejado su rostro, más pálido de lo habitual. No le gustó su aspecto, casi nunca le gustaba, pero ahora la luz fluorescente exageraba su aire demacrado. Sintió a sus espaldas la mirada vigilante de una dependienta que surtía de mercancías los aparadores. Necesitaba un carrito, no había pillado ninguno al entrar, pero le hacía falta para justificarse dando vueltas por el local. Una anciana le pidió que comprobara si en un paquete de lentejas aparecía impresa la letra E. Examinó el envoltorio, lo leyó por un lado y otro e informó a la vieja que, en lugar de E, lo que ponía en la parte superior del reverso era «extra». La mujer se deshizo en explicaciones sobre la calidad de las legumbres. Era muy cordial y tenía un bigote con pelos como pinchos. Mientras la veía alejarse, recordó una pesadilla horrible, sufrida esa noche. Su madre estaba completamente acabada en una silla de ruedas y era objeto de los abusos sexuales de unos jubilados que hacían cola para violarla. Cada vez que evocaba la escena se sentía mal. Se dio cuenta de que en el sueño emergían los remordimientos que la figura de su vieja le provocaba. El lunes me pongo en cura, se prometió a sí mismo. Desde el pasillo de las conservas vio al gordo a la entrada, a punto de reventar dentro de un chandal azul cielo, hablando con una cajera rubia que asentía con la cabeza como dándole la razón en todo. Le acompañaban dos tipos con pinta de currantes en traje de faena. Recordaba haberlos tropezado en el portal de la casa, sacando los escombros de un piso en obras. Cambió a otro pasillo, luego a otro. El lunes me pongo en cura, se prometió de nuevo. Aunque me sienta morir, insistió. No era un arrebato del momento, lo tenía decidido. Por la mañana se lo había anunciado a Silvia, que le escuchó muda, con cara de no creer nada. Su novia cada vez le hacía menos caso. Cuando le miraba, nunca percibía su afán por enmendarse sino la imagen retenida en su cabeza del día que en pleno mono le vendió la bicicleta y lo negó, no le veía en movimiento sino en foto fija, congelado en un ademán deslucido. «Te conozco de cara y de culo y, al hacer la media, me sale culo», le había espetado el domingo sin venir a cuento. Tenía que marchar, daba el cante. Una empleada le seguía a distancia, sin el menor talento para la simulación. Varias veces la sorprendió asomando la cabeza tras una estantería, mirándole con cara de espiar a Jack *el Destripador*. Necesitaba un carrito para hacer frente a la banda de fieras que le esperaba a la puerta, no podía salir sin esa mínima protección. Pero no aparecía ninguno libre. Todo se torcía. Por entrar a pillar una cerveza, se había metido en la boca del lobo. No malició que venían siguiéndole. Tampoco supuso que nadie fuera a sorprenderle en el último piso de la casa y tuvo que dejar la jeringuilla sobre la escalera y salir por pies. No acertaba una. Se sentía angustiado, un poco nervioso. La vida está llena de trampas, se dijo. A falta de carrito, cogería un palo de fregona. Recordaba con bochorno la vez que se había meado, mientras robaba en una farmacia. De nuevo veía su figura en un espejo. Si pudiera, escaparía por él, pensó. Buscaría refugio en su interior, quedaría allí viviendo tan tranquilo, convertido en un mero doble de sí mismo, libre de carga, descolorido. Quizás hubiera una rendija por la que colarse, quizás fuese sólo cuestión de probar, de palpar su superficie hasta percibir la hendidura y entonces meter la mano, el brazo, el hombro, la cabeza, el cuerpo entero. «¡Señor, haga el favor de marchar! Aquí no hace nada». El tono de la dependienta era antipático y la pajarita granate de su uniforme le daba una facha ridícula, arruinando su autoridad, pero unos pasos por detrás, al acecho, estaba el tipo del almacén con ademán de madero. «Ya voy». No le pareció oportuno ponerse digno y resistirse, no quería más problemas. Caminó desganado hacia la caja, demorándose en la contemplación de las mercancías. Paró un momento ante un anaquel a curiosear los precios del café y sus diversas clases, con mezcla, sin mezcla, torrefactos y sucedáneos, mientras maquinaba un ardid para la salida. Recordó que sólo llevaba tres libras, no tenía para pagar el palo y la cerveza, por lo que renunció a la bebida. No se le ocurría nada, salvo abandonarse al destino y seguir su azaroso rumbo. La suerte no estaba de su parte. Advirtió a sus espaldas a la pareja de empleados, controlando su marcha, como jueces implacables. Respiró hondo. El miedo le hacía sufrir, pero no le paralizaba. Vio a la pandilla de matones en la puerta de la calle, completamente agitados: el gordo, los albañiles y dos mujeres. Una de las mujeres esgrimía un paraguas, era la histérica que le había cazado pinchándose, la reconocía por el color caca del abrigo. La otra tiraba por el gordo hacia atrás. La cajera vaciló, como si fuera a negarse a venderle el palo, y luego dijo: «cien pesetas». No le miró a la cara, guardó la moneda y se puso a atender a alguien que llegaba a continuación.

Cuando enfiló hacia la puerta, se sentía como un animal camino del matadero, sabedor de que algo malo le esperaba, aunque ignorante del desenlace. Le resultaba violento mirar de frente, pero no podía bajar los ojos, sabía por experiencia que si lo hacía estaba perdido, que el primer paso era mantener el tipo en ese duelo. Fijó la mirada en el gordo y notó que el fulano no aguantaba el envite. Atravesó la puerta, apoyado a modo de bastón en el palo de la fregona. «¡Sinvergüenza!», «¡canalla!», empezó a gritar la mujer del paraguas. «¡Hijo puta!», «¡yonqui de mierda!», el gordo le hacía el coro. Puso el palo en horizontal, como si fuera una lanza, para mantener una distancia de seguridad. Le rodeaban entre todos. «Como entres más en ese portal, te mato, ¡guarro!». Guardaba silencio, convencido de que era inútil hacerse el nuevo. Según se movía, buscando paso, el corro se desplazaba también. «Vamos, Manolo, déjalo ya», insistía la otra mujer, arrastrando al gordo por un brazo. Uno de los currantes le arreó una patada en el culo. La mujer del paraguas hizo ademán de largarle un paraguazo pero la tela se abrió en el aire, y desistió de la acción. Otra patada le rozó un codo. Dudaba si usar el palo como garrote, temía empeorar las cosas. «¡No me toquéis que tengo sida!», exclamó, optando por la disuasión. «¡Dejar al chico, tenía que daros vergüenza!», gritó de pronto la anciana, plantada como una aparición en medio del grupo. «No se meta en esto, señora», replicó el gordo, mientras la mujer del paraguas cogía el extremo del palo y tiraba con fuerza para quitárselo. Forcejeó con ella y en pleno pulso lo soltó. La mujer cayó sentada de culo.

Saltó por encima y corrió por la acera. Atravesó la calle sin fijarse en el tráfico. No vio un coche que avanzaba veloz, no lo vio hasta que el vehículo estuvo prácticamente encima, entonces dio un quiebro, un ágil paso atrás en el aire y libró la embestida. Se precipitó contra un coche aparcado, pero se levantó sobre la marcha y corrió unos metros por la calzada, cojeando, después subió a la acera y continuó corriendo, más ligero. Tengo siete vidas como los gatos, pensó. Algunos peatones le clavaban los ojos, mosqueados. Volvía la cabeza de vez en cuando para comprobar si le seguían. No parecía que persistiera el acoso, pero no podía fiarse de las primeras impresiones, la suerte no estaba de su lado. Dobló una esquina y frenó la marcha. La alarma de una ambulancia le hizo sobresaltarse. Siguió caminando, presuroso, y luego dejó de mirar atrás. Necesitaba conseguir una jeringuilla.

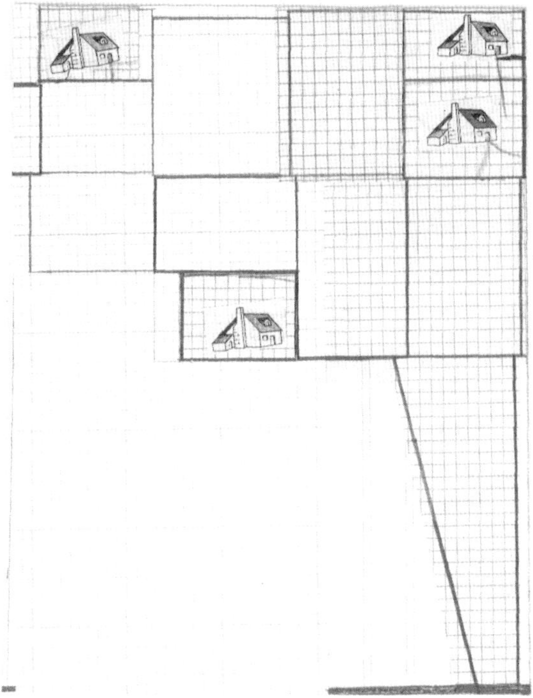

Como explorador refugiado en la copa de un árbol

Sonó el despertador en el momento más inoportuno, justo cuando me sentía rey feliz del mambo, y volví a la realidad sobresaltado, como urgido por el estruendo de un tren que de pronto se echa encima. Sumiso al destino, salí inmediatamente de la cama, puse la bata y las zapatillas y abandoné el dormitorio camino de la cocina, sin fuerza para comerme el mundo, deseoso sólo de extraer de un café cargado la energía indispensable para seguir tirando. En el fondo del pasillo, brillaron dos ojos, dos pupilas verdes y amarillas que desprendían fuego, y sonó potente el rugido de un león. Soy calvo desde joven, pero sentí todos los pelos de mi extinguida cabellera ponerse de punta. Una mezcla de ira animal y trueno ocupaba la penumbra.

Espantado, me refugié en el cuarto de baño, a tiempo de cerrar la puerta y oír cómo se estrellaban los morros de la fiera contra el escalón de entrada y cómo golpeaba la tabla con las zarpas. Me castañeteaban los dientes y temblaban las piernas, mientras trataba de localizar el pestillo a oscuras, pues la llave de la luz estaba fuera. Gritaba «¡ay!» a media voz, un ¡ay! entrecortado e interminable, propio de tartaja, que no me impedía percibir al otro lado el cabreo de la bestia. Recordé que en la parte superior del armario del lavabo había un pequeño tubo fluorescente, así que paso a paso me arrimé a la pared, temeroso en el colmo del absurdo de pisar el rabo del felino, y palpé hasta accionar la llave de la luz, que inundó de una palidez fantasmal el baño y me hizo aparecer en el espejo con un inesperado aire de domador cautivo del pánico. Nada tenía consistencia salvo el miedo, por lo que me hubiera dado por domador si no fuera porque, tras las solapas de raso del batín, asomaba un pijama a rayas, incompatible con el taparrabos típico de esos personajes en traje de faena. El pijama y la expresión demudada de mi rostro dejaban claro que quien se hallaba allí encerrado era un pobre infeliz, interferido en la rutina diaria por un león de origen desconocido. Sin perder tiempo, arrimé una toalla a la rendija inferior de la puerta para impedir que ningún olor de mi persona llegara al hocico de la fiera, estimulando su apetito, y después me metí en la bañera y corrí la mampara, dispuesto a permanecer oculto por si lograba entrar.

El felino parecía haber abandonado la embestida pero no la posición conquistada ni sus mortales intenciones, porque de cuando en cuando hacía notar el fragor de su respiración o le pegaba un cachete a la puerta. Acomodado en la bañera, intenté razonar la situación y despejar de dudas su carácter de sueño o realidad, lo que no era fácil pues me palpitaba el corazón como un reloj de pared que no cesa de dar la hora, impidiéndome pensar, y todo resultaba demasiado crudo para pesadilla y demasiado fantástico para verdad. Una gota de agua que caía de la ducha sobre mis tobillos, con una terquedad impropia de un sueño, me inclinó a dar por buena la hipótesis más negra y a concluir que mi encierro y la fiera eran de carne y hueso, por lo que si no quería sufrir su abrazo desgarrador y una mordedura brutal en el cuello, antes de morir despedazado, debía renunciar al desayuno y seguir en la bañera.

El encierro en el cuarto de baño me había salvado por los pelos, pero estaba cogido en una trampa mortal ya que no había ventana al exterior ni teléfono por los que dar la alarma y demandar ayuda, y la única salida se hallaba a merced de un animal salvaje dispuesto a devorarme. Si al bicho no le daba antes por destrozar la puerta, no tenía más opción que esperar a que agotase la paciencia y se retirara, lo que me abocaba a una perspectiva ciertamente desalentadora. Desconocía si se trataba de un león o de una leona y la diferencia no carecía de importancia porque influía en su conducta en el asedio. Si es cierto que cazan las hembras, en tanto los machos descansan, la espera tendría una duración corta o larga según fuera el sexo de la fiera, ya que el instinto alejaría a la leona en busca de otra pieza, mientras que la pereza apalancaría al león en el pasillo. La oscuridad me había impedido ver bien al intruso, sólo me había percatado de unos ojos centelleantes y unos rugidos feroces que no consentían dudas sobre la naturaleza del animal.

No me explicaba qué pintaba el rey de la selva en mi casa, cómo había llegado hasta allí y penetrado en su interior. Podía haberse escapado de un circo, pero parecía mucha casualidad que acertara precisamente con mi calle, mi bloque y el piso sexto, letra F, sin demorarse antes en algún parque, en otro barrio o en el primero A, el tercero C o el cuarto E del edificio, por poner algunos ejemplos, aunque igual reflexión podía hacerse cualquiera que lo tropezara en otro lugar, por lo que cabía que todo el misterio se redujera a la fatalidad de haberme tocado la china. Resultaba más incomprensible su presencia dentro del piso, pues recordaba haber cerrado la puerta con llave al ir para la cama. Era más creíble la conjetura de que su irrupción se debiera a iniciativa perversa de mi mujer, cuya maldad en ocasiones no tenía fondo, pero su aversión a los gatos la hacía poco sospechosa de valerse de un felino y no podía imaginarla subiendo de noche en el ascensor con un león. La fiera debía haber entrado por la terraza, procedente de la vivienda de al lado, lo que dejaba sin aclarar su presencia en el edificio y llenaba de sombríos presagios la suerte de mi vecina.

Estaba en estas reflexiones, cuando sentí a la bestia moverse, dando vueltas en redondo. Agudicé el oído y percibí el tableteo de una meada salpicando contra la puerta y cómo al copioso primer chorro seguían varios chorritos más. Las aguas menores del león crearon una tranquilizadora sensación de alto el fuego que aproveché para salir de la bañera y arrimarme al water a satisfacer igual necesidad. Sin calibrar sus consecuencias, por puro automatismo, al acabar de orinar, descargué la cisterna y el estrépito del agua fue contestado con unos rugidos que me impelieron a cruzar de nuevo la mampara.

Antes de acomodarme, puse a mi alcance el brazo de la ducha por si llegado el caso precisaba usarlo de manguera. Después, reparé en que por costumbre había descalzado las zapatillas al entrar en la bañera y las metí para adentro, no fuera su abandono al pie de la ducha a proporcionar una pista clave al intruso. Luego, traté de relajarme y cavilar. Llevaba ya un buen rato encerrado, pero no sabía cuánto porque el reloj de pulsera reposaba sobre la mesita de noche. La situación no podía ser más desgraciada. No había otro remedio que aguantar pacientemente, aun con la dificultad de no poder medir el paso del tiempo. En el peor de los casos, transcurridos unos días cundiría la alarma sobre mi desaparición y los bomberos y la policía harían su entrada en el piso. La única cuestión a meditar consistía en indagar la forma de provocar el adelanto del rescate.

Estaba tumbado a la larga y, mientras elucubraba, me distraje observando mis pies, su hechura deforme, el destino brutal de esos dedos retorcidos, replegados sobre sí mismos, embutidos todo el día en un zapato, sin espacio vital para moverse. Me sentía solidario de esos dedos, partícipe de un sino semejante, como si mi vida hubiera discurrido también enclaustrada, asfixiada por un devenir ingobernable que me había abocado al fracaso escolar, matrimonial y social y ahora me mantenía preso en un espacio cerrado con un león esperando a la puerta, lamiéndose de gusto. Pensaba también que, antes de que la humanidad decidiera usar zapatos, los individuos se enfrentaban descalzos a las fieras y sabían ingeniárselas para salir bien librados y que tras calzarse habían crecido ignorantes de algunas mañas indispensables para conjurar el peligro, como si cada avance en una cosa implicara un retroceso en otra.

Debía de haber pasado por lo menos una hora desde que el despertador me sacó de la gloria para arrojarme no sé si en la selva o en la sabana, una hora escondido en el cuarto de baño como un explorador refugiado en la copa de un árbol. En la oficina empezarían a echarme en falta. Del pasillo no llegaba ningún ruido exótico, pero en las entrañas del edificio sonaba ya el crepitar de la vida, un incipiente concierto de golpes, vibraciones y cañerías.

Oí risas en el baño de arriba y una conversación apagada. Sin pensarlo empecé a pedir socorro a viva voz, una y otra vez. Me encontraba ridículo vociferando en la bañera, pero no podía perder esa oportunidad de ser escuchado. A intervalos callaba para captar la reacción de mis vecinos, pero no parecían enterarse de nada y seguían la risa y la conversación, amortiguadas por un rumor de grifo abierto. Tampoco el león se daba por aludido, lo que me permitía chillar sin mayor riesgo. Pensé entonces que el esfuerzo sería más eficaz si acercaba la boca a la rejilla de ventilación, así que descorrí la mampara, abandoné la bañera y me aupé a una banqueta, mas cuando estuve frente a la parrilla decidí bajar a por un cortauñas para desmontarla y emitir la llamada de auxilio libre de obstáculos. Un hombre y una mujer compartían el baño de arriba. Se oía a la mujer reír y suspirar bajo el chorro de la ducha y a veces la voz del hombre, aunque no se apreciaba lo que hablaban. Empecé a gritar como un descosido: «¡socorro, un león!», «¡socorro, un león!». Mi voz se perdía por el interior de la chimenea, se gastaba subiendo y bajando plantas, llenaba de dramatismo aquel hueco habitado sólo por inocuos ruidos domésticos y moría en el aire. Alguien replicó: «¡ya voy!», «¡ya voy!», pero no me contestaba a mí sino a otra persona que le apremiaba para dejar libre el water. Un locutor de radio anunciaba buen tiempo en toda la península y no soltaba prenda sobre la hora. Sonaba también alguna cisterna. Habían dejado de hablar en el piso de arriba, aunque se oía correr el agua. Con los pulmones llenos de aire y la nariz y la boca encajadas en la oquedad, apurando toda la potencia, lancé insistentes peticiones de rescate que rebotaron en los rincones del agujero sin dar en ninguna parte. «¡La culpa fue del cha-cha-cha!», decía una canción en la radio. La mujer de arriba suplicaba con vehemencia: «¡Pipo, dime burradas!», «¡ay, Pipo, dime burradas!». Inasequible al desaliento, grité varias veces más y no obtuve otra respuesta que el estruendo del motor de una lavadora.

Desistí, bajé de la banqueta y la llevé conmigo a la bañera, decidido a usarla de defensa si la situación empeoraba. Una vez acoplado, corté las uñas de los pies y me hice una cuidadosa manicura. Oí alucinado mugir a una vaca y a continuación bramar a un toro, pero caí en la cuenta del fenómeno y, en vez de verle la gracia, pensé con amargura en las paradojas de la vida. Me hallaba cogido en una ratonera, en tanto al otro lado de la pared la gente improvisaba alegremente o se entregaba a los quehaceres cotidianos, ignorante de la tragedia. Imaginaba la situación como la viñeta de un cuento, en la que un edificio aparece cortado en sección y se ve a sus moradores realizar las actividades más variadas, repartidos por cuadrículas, y en uno de esos apartados hay un individuo cautivo, a punto de ser tragado por un monstruo, sin que los vecinos de las casillas colindantes se percaten de nada y sin que en el panorama general esa historia terrible llame la atención entre el conjunto de anodinas e incruentas historias.

El teléfono no había sonado en ningún momento, nadie me reclamaba, ni siquiera en la oficina mostraban curiosidad por mi ausencia y, a diferencia de otras veces, mis compañeros del negociado de licencias no llamaban interesándose por mí. El tiempo pasaba, y el silencio del teléfono significaba que en el trabajo me habían atribuido otra borrachera y se desentendían de marcar mi número por no despertarme en plena resaca, significaba también que alguien comentaría lo mal que me iba tras la marcha de mi mujer y que los demás habrían dirigido su mirada hacia mi mesa y corroborado el aserto con medias sonrisas o gestos graves. Un perdedor como yo les venía bien para olvidar su miseria personal y sentirse perfectos, igual que el felino me necesitaba como víctima para reconocerse león.

Tenía que buscar otras alternativas, así que me concentré en hacer un repaso sistemático de todas las maniobras imaginables. Una posibilidad de muy remoto éxito consistía en tirar al water una botella con un mensaje de SOS. Otro ardid requería provocar una inundación que calara al piso de abajo y pusiera a los vecinos en acción, pero tenía varios inconvenientes y el mayor era que los inadvertidos socorristas acudirían sin armas y podían ser devorados por la fiera. Cabía también la táctica del butrón, lo que exigía herramientas para abrir un agujero en el suelo o en la pared y una paciencia carcelaria para acometer la tarea con el cortauñas y las tijeras por todo instrumental. Junto a las estrategias defensivas, traté de hacer un repertorio de las ofensivas, que se reducían a envenenar al bicho, filtrando algún líquido ponzoñoso por debajo de la puerta, o salir armado de valor y de la banqueta a buscar el cuerpo a cuerpo con la fiera. Lo que debía hacer en cualquier caso era beber agua, porque el encierro me obligaba a guardar una dieta propia de huelguista de hambre.

Abandoné la bañera para ingerir agua en el lavabo y comprobar las existencias de material apto para el salvamento. No encontré ningún tóxico fulminante, aunque con la colonia y el alcohol podía intentar emborrachar al bicho. El problema era que desconocía su carácter y no sabía si en estado de ebriedad amansaba o se volvía más agresivo. Un calzador y unas horquillas del pelo fueron todos los útiles que logré sumar al aparejo de obra. Localicé también un cepillo de la ropa, cuyo mango de madera serviría para potenciar con golpes en la pared las llamadas de socorro. Busqué afanosamente unas cerillas o un encendedor para prender una antorcha de toallas, en el convencimiento de que sus llamaradas espantarían al león y lo pondrían pies en polvorosa, pero no encontré nada y la única forma de conseguir fuego a mi alcance exigía provocar un cortocircuito y asumir el riesgo de quedar a oscuras. Anduve un rato dándole vueltas en el aire a una bacinilla, convencido de que semejante cacharro ofrecería alguna utilidad, mas desistí, falto de ideas, porque emplearla como casco parecía indigno y al ser de plástico no servía para meter ruido. Celebré como una buena cosa el hallazgo de un *spray* de laca, que manejado con destreza podía sellar los ojos del felino y dejarlo momentáneamente a ciegas.

Estaba quebrándome la cabeza con la manera de librarme del león y el animal hacía un buen rato que no daba señales de vida. Era posible que se hubiera largado, aburrido de esperar, con la música a otra parte, pero no me atrevía a abrir la puerta para comprobarlo. Un paso en falso podía resultar mortal. Decidí entonces probar suerte descargando de nuevo la cisterna, y el remedio fue eficaz, incluso demasiado eficaz, porque la fiera replicó con un rugido que empezó como un ronquido remoto y fue subiendo de volumen y de rabia hasta culminar con un acompañamiento de mandobles en la puerta. Volví pitando al refugio de la mampara y me hice el muerto durante un rato, un muerto temblón, fallecido del baile de san Vito, un muerto muerto de miedo.

Ya no se oía nada en el pasillo, otra vez el silencio. El león, debía de ser un león, había cerrado el pico y regresado seguramente a la posición de reposo, a velar paciente el cerco. Se oyó de pronto el estrépito lejano de una cisterna y el ruido de una cascada repentina que recorría todos los desagües, como si al edificio le sonaran las tripas e íntimamente se estremeciera. Se oyó también la protesta del bicho, pero su malhumor parecía de oficio y venía de un lugar retirado de la puerta. Volvíamos a la guerra de posiciones: el león en el pasillo, esperando por mí para saciar el apetito, y yo ayunando en el baño para que no me comiera. Si no se precipitaban las cosas, nuestro destino común era el hambre.

Demoraba abandonar la bañera para intentar alguna treta salvadora, pues todas me parecían inútiles y no era capaz de decidirme por ninguna. Aunque quizás fuera la única opción realmente eficaz, me faltaba valor para salir a pecho descubierto a enfrentarme con la fiera. No tenía confianza en que la acción combinada de la laca y la banqueta, por más energía que pusiera al esgrimirlas, lograra ahuyentarla. Siempre fui bastante cortado para imponer mi autoridad. Incluso el día que pillé a mi mujer en la cama con un amante, no se me ocurrió otra cosa que pedir perdón y cerrar la puerta del dormitorio como si por torpeza me hubiera equivocado de habitación. Echaba en falta la ayuda de un cigarrillo para resolver el dilema, pero el tabaco se hallaba en territorio hostil.

Me encontraba a gusto tras la protección de la mampara, acostado en la pila como en una trinchera segura. Empezaba a acostumbrarme al horror, a aceptarlo como una carga inevitable, a conciliar con él y respetar sus reglas. La vida me había sumido en el espanto muchas veces y enseñado a subsistir en su compañía, sin esperar nada. Sabía por experiencia que a menudo el pánico no es sino el fruto de un brusco cambio de reglas, el vacío causado por la desaparición de unas rutinas en las que estábamos ubicados y el vértigo de su sustitución por otras en las que tememos no hallar lugar seguro, pero sabía también que la irrupción de nuevas pautas acababa ofreciendo cobijo y ocasión para el reposo y que llegaría un momento en que el miedo perdería su vínculo con el pasado y consistiría sólo en la amenaza de otra súbita mudanza.

El mayor desconsuelo era no saber la hora, no poder medir el paso del tiempo. La ausencia de reloj me privaba de la regla más importante, la única realmente orientadora, la regla por excelencia, a la que remiten todas las reglas. El desconocimiento de la hora privaba de rumbo a la espera, la hacía incontrolable, y me dejaba perdido, sin referencias, abocado a la pura ansiedad, a vivir siempre un mismo momento, inconsumible. El remedio contra la parálisis del tiempo no era comerme el tarro, sino la acción, tenía que poner manos a la obra e intentar todas las tácticas que no exigieran arriesgar el pellejo. El tiempo en el encierro era una dimensión vacía, cuya oquedad causaba desasosiego, y sólo haciendo cosas podía empujar un momento sobre otro y poner movimiento en el angustioso marasmo. Así que salí de nuevo de la bañera.

Empecé por lo más fácil. Busqué primero un frasco pequeño y a continuación me dediqué a escribir un mensaje en un trozo de papel higiénico, con un lápiz de ojos olvidado por mi mujer. «¡Socorro!, vengan a rescatarme. ¡Cuidado con el león!». Rotulé también mi nombre y dirección y añadí el número de mi documento nacional de identidad por dar más credibilidad al aviso. Luego le puse fecha, no fueran a menospreciar, quienes la hallaran, la urgencia de la misiva por el desconocimiento de su antigüedad. Escribí el texto con mayúsculas, tras practicar varias veces hasta conseguir una caligrafía transparente. Sabía que aquello no iba a resultar muy útil, pero al menos me entretenía y le daba al aislamiento un sesgo de andanza de Robinsón. Acabé renunciando a lanzar el mensaje por no tirar de la cisterna y provocar el enfado de la fiera.

Me di cuenta de que la tapa del water estaba abierta y la cerré, en prevención de nuevas desgracias. En alguna revista leí que muchos americanos regresaban de sus vacaciones en el trópico con retoños de caimanes como animales domésticos y que luego, cuando se hartaban de las criaturas, las arrojaban al water, lo que había asentado en las cloacas de algunas ciudades una fantasmagórica población de reptiles ciegos. Entonces me acordé de que la vecina de al lado gustaba de viajar lejos en sus vacaciones y que un verano tras otro compensaba la soledad y el aburrimiento de todo el año con la aventura de un mes en un país exótico. Me resultaba difícil imaginarla de safari por África, con su aire rancio de profesora y sus gafas de miope profunda, espantando mosquitos, pero al tiempo no me sorprendía nada que en una de esas giras hubiera adoptado y traído consigo un gato amarillo y que el bicho hubiera medrado y adquirido sus definitivas proporciones sin suscitar alarma en la dueña. Si la hipótesis era cierta, la posibilidad de un desenlace próximo cobraba fundamento.

Animado por esas cábalas, volví al repertorio de ardides y me concentré en golpear la pared con el cepillo. Al principio, lo hacía a la brava, sin ritmo, pero poco a poco pasé a darle una cierta cadencia y a aporrear los azulejos con movimientos de baile, con el único compás en que me desenvolvía medianamente, un paso para un lado, dos para otro. A ratos paraba y guardaba un silencio mortal, presto a que no se me escapara el menor signo de respuesta, pero a mis oídos sólo llegaba el ronquido de unos motores y a veces el ladrido lejano de un caniche.

Después me propuse emborrachar al león. Contaba con un frasco grande de lavanda inglesa y medio litro de alcohol de romero y disponía también de un pulverizador para dirigir el chorro. Decidí rebajar con un poco de agua el brebaje para evitar que el bicho lo rechazara al primer sorbo. Abrí el grifo y, mientras rellenaba una parte del recipiente, recordé que mi estado de abstinencia requería menudear la ingestión de agua, así que bebí a morro y luego eché mano del alcohol de romero para hacer el licor, pero, antes de derramarlo dentro del pulverizador, me puse a olerlo y casi sin darme cuenta le pegué unos tragos que me supieron bien. Decidí entonces preparar el elixir con la colonia y reservar el otro líquido para un momento posterior.

Retiré la toalla del suelo, y con mucho sigilo me apliqué a filtrar la pócima por debajo de la puerta. El water olía ahora a flores del campo. El aroma era tan intenso que el felino difícilmente podría captar ningún olor animal que exacerbase sus tendencias depredadoras. Mareaba un poco. Pese al cuidado que puse en el trasiego, bajo la ranura se formó un charco que barrí hacia fuera con las manos. Repetí la operación completa ocho o diez veces, hasta que se acabó la colonia. No parecía que hubiera conseguido excitar la sed del león, pues en ningún momento sentí sus lametazos tras la puerta. Con la fragancia campestre, se me había despertado el apetito y combatía el secaño con asiduos tragos de un vaso de lavar los dientes, colmado a partes iguales de agua y alcohol de romero.

Alguien lloraba en un piso próximo. Saqué la banqueta de la bañera y me subí encima para acercar el oído al hueco de ventilación. «¡Sal del baño ahora mismo!», gritaba una mujer. Me dieron ganas de contestar que no podía, pero se adelantó la voz de un niño, replicando entre llantos: «¡no quiero coliflor!», «¡no quiero coliflor!». Aproveché el auditorio para lanzar de nuevo la soflama a todo pulmón y repetirla varias veces sin éxito apreciable. La disputa gastronómica se había extinguido y, en su lugar, emisiones radiofónicas y televisivas filtraban en el conducto un enmarañado diálogo de sordos. Mientras gritaba en la altura, observé la cadena del water y caí en la cuenta de su idoneidad como látigo, pero desistí de descolgarla porque prefería agotar otras posibilidades antes de pasar a la acción directa.

No me afectaba el fracaso de las diversas tentativas de evasión. Sabía que el tiempo, por lento que avanzara, corría a mi favor. La actividad, aunque resultara inútil, me distraía. Me proporcionaba además la satisfacción de sentirme rebelde ante el destino y en alguna medida manejándolo. Empezaba a sacarle un cierto gusto a la reclusión, a experimentar por momentos una vaga sensación de plenitud.

Tenía que empezar a hacer el agujero, pero llevaba ya un tiempo trabajando y decidí tomar un descanso en la bañera, así que crucé la mampara, llevando conmigo para que nada me faltara el vaso y el frasco de alcohol.

Me sonaban las tripas, metían un ruido que en público hubiera resultado comprometedor. Aquellos inesperados solos de saxo en medio del asedio me devolvían a la cruda realidad, haciéndome temer que no fueran inadvertidos por el sensible oído del felino y resucitasen su apetito. Presionaba con las manos la barriga, buscando apagar su inoportuna voz, pero lo único que conseguía era un mero cambio de nota musical. Encontré el remedio bebiendo seguidos varios vasos de agua con parte de mezcla, hasta que la calma volvió al water.

Estaba otra vez en posición supina haciendo balance de la situación. Como cada vez que me pongo a pensar, echaba en falta un cigarrillo de cuyo humo extraer lucidez. Tenía tantas ganas de fumar que podía cambiar guapamente un brazo por una colilla de tabaco, a condición claro de que no fuese el león el encargado de arrancármelo. Nunca tomé una decisión grave sin un pitillo en la mano, aunque también es verdad que soy muy inseguro y siempre produje más humo que resoluciones.

A veces pienso que, más que el deseo de nueva pareja, lo que en el fondo empujó a mi mujer a irse de casa fue mi indecisión, la falta de respuesta ante su infidelidad, que hirió su orgullo al sentirse poco valorada. Su naturalidad arrolladora y su mutismo me inhibieron y, aunque fui incapaz de poner cara de póquer, la cosa no pasó de colgar el morro. Mantuve el gesto sombrío y la muda aceptación de las disculpas más peregrinas durante toda la crisis, hasta la espantada final. Era inútil hablar, nos habíamos convertido en extraños y la comunicación resultaba imposible. Dudé mucho tiempo si marchar de casa o simplemente echarla a ella, mas no acabé de optar por nada. Alguna vez pensé en la posibilidad de envenenarla, nada más por imaginar su desaparición del mapa, sin ningún propósito práctico. La única acción de protesta por mi parte consistió en cambiar de dormitorio, pero la iniciativa suscitó complacencia. Es enorme el despecho acumulado en las parejas, ocupando el sitio de cualquier otro sentimiento, una vez que la convivencia agota su sustancia original y la relación exogámica, falta de novedades, se convierte en aburrida e irremediable endogamia.

Siempre quedé con la duda de lo que quiso decir mi mujer en su nota de despedida, a qué pesar se refería cuando dejó escrito: «lo siento, me voy», si se trataba de un gesto de piedad por mi persona o era sólo la manifestación edulcorada de su propio rencor, que a renglón seguido expresaba con su habitual descaro llamándome «calzonazos». La posibilidad de que en el momento de hacer las maletas mi recuerdo la conmoviera, la incertidumbre sobre la naturaleza de ese sentimiento, suscitó en mí una cierta nostalgia y la esperanza de que acabaría volviendo, y guardé el escrito como si junto al lacónico mensaje contuviera el anuncio de tiempos mejores, hasta que llegó la demanda de separación y tuve que entregarlo en el juzgado, a modo de prueba documental, para oponerme a sus desmesuradas pretensiones.

No quería abandonarme a esos pensamientos, no deseaba anegar en la amargura mi estado de ánimo que, pese a lo extremado de la situación, se hallaba alto, dispuesto a la batalla. Apenas quedaba medio frasco de alcohol, lo que no fue óbice para pegar unos tragos. Quizás estuviera un poco beodo, pero me encontraba en ese punto en que la ebriedad genera contento, y el contento lucidez, y todavía no hay síntomas de ningún estrago. Es cierto que en los últimos tiempos cogí gusto a la bebida, mas no tanto por olvidar penas cuanto por acceder a estados de mayor clarividencia. No sé si lo leí en alguna parte o lo inventé, pero tengo entendido que los filósofos más profundos han solido pillar buenas melopeas. Fuera de los problemas que se resuelven con números, en el resto de los casos la verdad depende mucho del estado de ánimo, así que preparé con el alcohol sobrante y un poco de agua un cubalibre incoloro.

Mi vida siempre se vio sacudida por las invasiones, a las que primero opongo una resistencia pasiva y luego termino por adaptarme. En la mili cogí unas ladillas que treparon por mi cuerpo hasta el vello del torso y sufrí las constantes humillaciones de un sargento a quien no gustaba mi forma de marcar el paso; en cambio, me libré de una epidemia de paperas. No fui yo quien sedujo a mi mujer, en cuya existencia apenas había reparado, sino ella quien ocupó mi territorio y se dejó caer sobre mí una y otra vez, hasta que empecé a apreciar en su temperamento la seguridad que me faltaba, a sacar gusto a sus carnes redondas y a sentir a su lado un calor que me hizo renunciar encantado a la intemperie. Mi matrimonio se sumergió en el aburrimiento, y tanto mi mujer como yo vimos nuestros cuerpos invadidos por la grasa, y luego mi mujer perdió el empleo, cuando llegó la marea de la crisis. Un tercio de mi existencia está tomado por montones de expedientes que me contagian una desgana crónica. Antes de que irrumpiera en mi hogar el silencio, no el silencio que nace de la paz sino el que brota del desapego o de la ausencia, mi lecho nupcial fue usurpado por un extraño. Esta noche invadió mi casa un león. Nunca tuve un comportamiento arrojado.

Me puse de pie en la bañera y me dije a mí mismo que ya estaba bien de contemporizar con el invasor. Emití a continuación un alarido potente, un grito de guerra, un aullido salvaje destinado a imponer respeto en la selva. Por primera vez en mi vida iba a tomar la iniciativa en el combate, por primera vez veía claro que para sobrevivir en un mundo de fieras era necesario defender el territorio hasta la muerte.

Corrí la mampara y salté fuera de un brinco, con ademán copiado de Tarzán descolgándose de una liana. Desanduve lo andado para apurar el último sorbo de la copa. Si me enfrentaba con energía al león, si irrumpía en el pasillo y me lanzaba por sorpresa al ataque, provocaría su huida y lo empujaría a marchar por donde vino. En el peor de los casos, si la suerte resultaba adversa, mi vida tendría al menos un desenlace heroico. Subí a la taza del water y, alzado sobre los pies, desprendí la cadena, con cuidado de no descargar la cisterna para no alertar a mi rival. Salté al suelo y al caer noté que me faltaba elasticidad en las rodillas, así que hice sobre la marcha una tabla de gimnasia sueca a modo de ejercicio de precalentamiento. Después, blandí en el aire la cadena del water y comprobé que su capacidad agresiva era mayor con el mango de madera como punta del látigo. Mientras descorría lentamente el pestillo de la puerta, evitando causar el menor ruido, pensé que no debía presentarme en bata y pijama a la pelea porque la blandura del atuendo dejaba en agua de borrajas mi intrepidez. Quité el pijama y amarré los pantalones en la entrepierna, a modo de taparrabos, volví a poner la bata, bien anudada a la cintura, y abrí sus elegantes solapas para exhibir mi condición de hombre de pelo en pecho. Luego cogí la cadena con la mano derecha y la banqueta con la izquierda y las volví a posar para completar el armamento con el *spray* de laca, encajado a presión entre la tripa y el cinturón de tela.

Mi corazón empezó de nuevo a cantar las horas, pero no me consentí la menor vacilación, ni siquiera al abrir la puerta y percibir un desagradable olor a tigre. Salté fuera, gritando por el aire: «¡largo de aquí!», «¡largo de mi casa!». Cubrí la retaguardia con la banqueta y me abrí paso a latigazo limpio por el pasillo, en el que no había más posible huella animal que unas manchas de humedad en la moqueta. Avancé hasta el recodo, sin encontrar resistencia, y observé que el resto del piso estaba en perfecto orden, libre de intrusos. Frente a mí, la puerta del salón se hallaba entornada y la abrí de un puntapié que hizo trizas su panel de cristal. Había una figura de porcelana caída en el suelo, una pareja de ciervos con las cabezas rotas por el impacto, pero ningún rastro del enemigo. La puerta de la terraza, el único sitio por donde podía haber entrado y salido, permanecía abierta, y recorrí los escasos metros que me separaban para cerrarla con la ciega osadía del guerrero crecido en la batalla y un agobiante redoble de tambor en el pecho.

Lancé un bramido sin fin, un interminable grito de victoria, y me dejé caer, desarmado, en el sofá. En ese momento sonó el teléfono y alargué la mano para descolgarlo. Era mi mujer, que emergía de las tinieblas como una resucitada para proponerme, con una suavidad desconocida, que quedáramos un día a fin de vernos y charlar. Tardé en tomar la palabra, pero cuando lo hice fui muy escueto: mandé a mi interlocutora a la mierda y colgué el teléfono.

Sonó a continuación el timbre de la puerta y me acerqué a abrirla, pero antes se me ocurrió espiar por la mirilla. Una cebra y una hiena aparecían al otro lado, sin venir a cuento, con cara de pocos amigos. Pese al desconcierto, eché mano al *spray* de laca y abrí la puerta sin titubear. La hiena fue más rápida que yo y entre risas me espetó que estaban haciendo una encuesta por las casas y que les dijera, si no me importaba, cuál era mi opinión sobre el Mal en el mundo. Y la cebra, percatada de mi pasmo, aclaró que eran testigas de Jehová. Pero fue inútil, porque ya había desenfundado el tubo, mi dedo índice presionaba con fuerza el pitorro y densas nubecillas de laca dejaban a las pobres señoras mudas, ciegas y acartonadas, víctimas inocentes de las hostilidades.

¡Caín! ¿Qué has hecho?

Evocación de un individuo visto y no visto

1

Salió del ascensor de espaldas, con paso lento, cuidando de retener con el pie derecho la puerta para que no cerrara, y echó una mirada fugaz al pasillo, alumbrado por una luz fluorescente, mientras mantenía en vilo la mano que amenazaba con una navaja a la mujer que permanecía dentro. No había nadie en la planta, ningún ruido llegaba de las oficinas, abandonadas hacía rato por los empleados. El espejo del ascensor reflejaba el rostro congestionado del hombre.

Dejó que la puerta se cerrara, que sus paneles se unieran hasta ocultar a la mujer en el interior y apagar el sollozo histérico que empezaba a dominarla, comprobó que en el cuadro lateral una flecha luminosa indicaba ascensión y salió al trote escaleras abajo y al trote guardó la navaja, amarró el cinturón a los pantalones y compuso la imagen, antes de llegar al portal, contener el paso y la respiración y comprobar que tampoco allí, felizmente, había nadie. El portero debía estar viendo la retransmisión del partido o recogiendo la basura por los pisos.

Anochecía, sintió el frescor de la intemperie como una novedad agradable. Atravesó la calzada, aceleró el paso y dobló una esquina para cambiar de calle. Adelantó a un matrimonio de ancianos que llevaban pinta de estar dando el paseo de rigor, prescrito por el médico. Pasó junto a unos adolescentes, ocupados en saltar para tocar con los dedos la parte superior de una señal de circulación. Tropezó varias veces a una familia de gitanos que recogían cartones de la basura. Se arrimó a la pared y caminó pegado a las lunas de los comercios, bañado por el torrente de luz de los escaparates, bajo la mirada vacía de numerosos maniquíes, vestidos de bañador, chándal, albornoz o camisa de rayas, paralizados en posturas ridículas. El cierre de las tiendas había desalojado de público la zona. Oyó acercarse un autobús y corrió hasta la parada. Un perro le ladró al paso.

Dudó si quedar de pie o sentarse, pero había un sitio vacío, próximo a la puerta de salida, y pensó que ocupándolo pasaría más desapercibido. Tomó asiento entre una monja, con toca, babero y todos los atributos, y un joven de cresta tiesa, encolada, y cara de circunstancias. Enfrente viajaban dos hombres mayores, trajeados y acicalados como para una boda remota, con pinta de jubilados camino de un baile. Un hombre y una mujer hablaban a voces en la parte posterior del vehículo, y otro individuo, completamente abstraído, gesticulaba en plena conversación consigo mismo. La mayoría de los pasajeros iban mudos, sin cruzar palabra con el vecino, fijos los ojos en la nuca del inquilino de delante. Junto a los ancianos, estaba acomodada una mujer joven que no vio al entrar, a la que examinó con disimulo. Tenía buena pinta y un lunar en la mejilla.

Desconocía el itinerario del autobús, pero se encontraba a buen recaudo, descansado, dispuesto a peregrinar sin rumbo un rato. Por la radiofonía sonaba un bolero, relatando un amor imposible. No tenía prisa, ninguna prisa por llegar a casa y oír los reproches de la vieja, ningún apremio por experimentar el rebullir del miedo y el remordimiento, ninguna ocupación hasta el sábado, día en que trabajaría de camarero en una boda. Viajaría y luego entraría en un bar a ver el final del encuentro. Se sabía sucio, como sucia era la vida, la gente, la calle, el autobús que le llevaba, que iba dejando en el aire una estela de lamparones negros, pero estaba tranquilo, satisfecho. Había desaparecido la ansiedad, la excitación, esa mezcla de gusto y de tormento que le invadía en ocasiones hasta erigirse en la única sensación, el único pensamiento, ese deseo impetuoso que crecía en su interior como una bestia insaciable, demandando un consuelo cuya brutalidad disparaba el apetito.

Se rascó una oreja y, al rozar el tórax con el brazo, notó prendido sobre el niqui un pequeño objeto. Cuando lo palpó con la mano, descubrió que se trataba de un pendiente formado por una barra y una bola. Quiso desengancharlo con discreción, pero se resistía. Sintió sobre sí la mirada de la mujer de enfrente y renunció a cualquier maniobra. Mantuvo la mano en el pecho, ocultando debajo la baratija que le delataba. Empezó a sentirse observado, falto de anonimato, inseguro. Temió que los viajeros hubiesen reparado en su carrera por la acera y en la irrupción en el autobús, condecorado con una medalla infamante, e imaginaran sus andanzas y empezara a sonar en sus oídos, como una lejana llamada de auxilio, el llanto del ascensor. Malició que el mutismo de la gente ocultase un frenético atar cabos, una conjura sorda, a punto de fraguar y convertirse en acoso y linchamiento. Sin retirar la mano del pecho, dejó el vehículo en la primera parada, mientras por el rabillo del ojo espiaba a la joven, atenta a sus movimientos.

2

Le había visto tomar el autobús por los pelos y acomodarse frente a ella y ahora le veía dejarlo precipitadamente, como quien muda de repente de opinión y da marcha atrás a lo andado. Tenía un comportamiento extraño, vacilante, pero quizás en esa rareza residiera su atractivo. Le siguió con la mirada, hasta que desapareció en la penumbra, fundido con otros peatones.

Venía harta de pesar cerezas, peras, albaricoques, patatas y tomates, harta de aguantar señoras que fantaseaban sobre sus vacaciones y no cesaban de manosear los productos o de colarse en el turno, harta de convivir con la dueña de la frutería, sus manías y mezquindades. Concluida la jornada de trabajo, viajaba al encuentro de su novio. Había tenido que llamar la atención a un viejo que siempre sisaba algo y hoy marchaba con unos plátanos. Esta noche su novio se empeñaría en ver el partido y a ella la esperaban unas horas de televisión, de aburrimiento, incapaz de sacarle gusto a un juego que se interrumpía cada poco, en el que rara vez la pelota llegaba a su destino sin perderse antes, muda en medio de las exclamaciones de los aficionados, ajena a la fiesta. Nunca se había entregado a esa emoción colectiva, nunca había admirado a ningún jugador por guapo que fuese, ni tomado afición a ningún equipo, aun consciente de que la gracia no estaba en la exhibición sino en el duelo. Sabía que en el fondo su rechazo era una negativa a la invasión total por el mundo de su novio, una tibia reivindicación de su autonomía, la defensa de un territorio diminuto, libre de un influjo que, salvo en ocasiones como ésta, recibía complacida.

Todos los días hacía el mismo recorrido en autobús y mataba el ocio del viaje observando a los pasajeros, su aspecto, sus rarezas, intentando adivinar al personaje que se ocultaba detrás. Muchos repetían ruta a diario y habían perdido interés, ya no suscitaban ningún interrogante, pero aparecían otros con nuevos enigmas. El espectáculo era variado. Por ejemplo, la monja se había levantado, con ademán de bajar en la siguiente parada, portando en la mano una cartera negra, grande y abultada, que excitaba las dudas sobre su contenido y sobre lo que pintaban juntas a esas horas la cartera y la monja. ¿Guardaría misales, ropa interior, reliquias de santos o quién sabe si un paquete mediado de Winston americano y un revólver? El joven leía un libro, titulado *Fundamentación de la metafísica de las costumbres,* y a veces reía solo, la ungida cabeza inclinada sobre las páginas, una bota replegada debajo del asiento y la otra en mitad del pasillo. Uno de los sitios vacíos fue ocupado por una mujer que estaba sentada atrás y avanzó un tramo hacia la puerta. Iba muy puesta, con un vestido estampado de flores amarillas, el pelo teñido de rubio, cardado, y unas gafas de sol de patilla retorcida y mucho andamio. Era una mujer mayor, lo que denotaba más su ánimo coqueto. Contagiaba buenas vibraciones.

Alguna vez se había preguntado lo que sucedería si de repente los viajeros del autobús naufragaban en una isla remota y se veían forzados a vivir juntos, a unirse entre ellos para remediar sus necesidades, a tejer con pasta tan extraña sus relaciones personales. ¿Qué pasaría? ¿Con qué carácter, con qué rostro, con quién o quiénes de todos aquellos personajes opacos se podría sentir más próxima, más identificada? ¿En qué viajero anodino asomaría un individuo gracioso o, al revés, qué viajero gracioso resultaría un insufrible cantamañanas? ¿Quién acertaría a mantener el tipo, quién se mostraría como un sujeto miserable?

Sonó una sirena. Un coche de la policía se cruzó con el autobús, a toda velocidad, a todo rendimiento las alarmas. Inundó la calle de destellos color azul, suscitó un momento la curiosidad de la gente y se perdió en la distancia, cada vez más débil su inquietante voz.

Uno de los viejos contemplaba con melancolía el trasero de la señora rubia, lista ya para apearse. Bajó también la monja en la parada y se esfumó en la noche con la cartera cargada de misterio, en esa noche que engullía a todos los personajes, como si fuera una gran cartera negra, que había tragado al individuo del niqui blanco, al joven de aire desvalido y pestañas rizadas, visto y no visto, cuyo recuerdo conservaba fresco en la cabeza. Su figura itinerante había encendido en ella la fibra afectiva. Sintió un poco de pena, esa comezón que provocan los encuentros fugaces cuando suscitan curiosidad. Tenía esa impresión de desgarro que a veces se sufre ante la irrupción de alguien que por lo que sea nos gusta y a ciegas estimula nuestro interés y nuestra fantasía, y a la hondura del sentimiento contribuye la conciencia de que el hallazgo se agota en ese acto, en ese pasar al lado, al que nunca seguirá una nueva cita, ninguna oportunidad de trabar amistad, de desvelar el enigma.

Estaba a punto de llegar. Los ancianos se habían puesto en pie. Uno de ellos planchaba con las manos la chaqueta del traje, y el otro protestaba contra el joven por obstaculizar el paso con las botas, sin que el aludido se diera por enterado ni levantase los ojos del libro. Pensó que no le apetecía nada ver ahora un partido de fútbol.

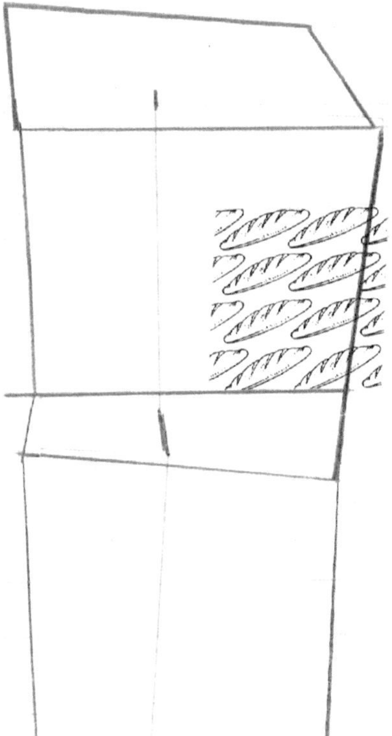

Odisea del activista empecinado

La vida de este hombre fue un fracaso completo, como no podía ocurrir de otra forma. Metido en política desde joven, en época de una dictadura perdida ya en la noche de los tiempos, se empeñó en luchar contra la ley de la gravedad, con el resultado de todos conocido, y murió jubilado anticipadamente por la reconversión siderúrgica, víctima de una enfermedad crónica contraída en un hospital, donde le repararon por veces el sistema coronario.

Era un individuo de buen corazón, un poco agorero, un paranoico obsesionado con ideas como la igualdad, la solidaridad o la justicia, más intuidas que comprendidas, ignorante de sus trampas y falsedades; un eterno descontento, defensor de la clase obrera y las causas perdidas; un activista empecinado, hecho a la cita y la conjura, al pasquín y la manifestación, a la fe y la desconfianza, forjado en la lucha contra un monstruo imaginario de mil cabezas, a quien atribuía una fiereza terrible; un chiflado que se complicó la vida a lo bobo, cuando podía habérselo montado mejor. «¡Qué bien podías vivir, si no fueras tan tonto!», le dijo con razón un comisario de policía, al iniciar un interrogatorio. Como ciudadano incordiaba pero no era realmente peligroso: de hecho, aunque partidario de destruirlo todo o cuando menos de expropiarlo, nunca robó ni mató a nadie.

Hubiera deseado seguir viviendo, pero se enfrentó a la muerte con dignidad y un secreto rencor por el contagio, que le hacía maliciar de la policía o de la CIA o exclamar, en los raros momentos de exasperación: «¡me cago en el azar, con la necesidad ya tengo bastante!».

El cirujano que le intervino en las dos ocasiones era un buen profesional que tenía el prurito de santiguarse siempre antes de empuñar el bisturí, por lo que puso toda su fe y su ciencia en desatascar de pasquines las arterias y en aligerarle de consignas el corazón, que exhalaba un endemoniado olor a azufre, y ambas operaciones hubieran resultado bien a no ser por un desconocido virus inoculado en el curso de una transfusión sanguínea. Con la salud cada día más quebrada, el hombre sobrevivió al envenenamiento varios años, que le hicieron testigo perplejo del estrepitoso fracaso de sus ideas antediluvianas y de lo perdida que estaba la juventud, pero había invertido demasiadas horas en cárceles y reuniones como para dar por tirado el tiempo y se mantuvo necio hasta el final, empeñado en sacarle defectos al mundo y en cambiarlo a su gusto y el de unos cuantos chiflados.

El fallecido dejó en herencia una modesta vivienda social y por viuda una mujer temperamental y gorda, menos ilusa que él, trabajadora de una empresa de limpiezas, hecha a pelear por sacar adelante a la familia y a protestar con rabia en comisarías y cuarteles cada una de las detenciones de su esposo, una sacrificada compañera que lloró sin consuelo esa nueva desaparición que no le permitía reclamar ante nadie la devolución del ausente. Dejó también una hija licenciada en paro, terca como su padre, aunque más devota del nacionalismo que del internacionalismo proletario, un hijo sin carácter empleado en una gasolinera, casado con una mujer fanática de los testigos de Jehová, y un hijo drogadicto en rehabilitación que le causó muchos problemas. El accidente transfusional arrastró al mayor de los varones a abrazar convencido el credo de su esposa, y la muerte del padre llenó de remordimientos al hijo pequeño, que a punto estuvo de darse por sinvergüenza sin remedio y echarlo todo a perder.

A decir verdad, a nadie importó mucho su desaparición, fuera de los mentados, unos pocos familiares más y algunos compañeros de militancia y de trabajo, que le organizaron un entierro civil y le despidieron con varias coronas de flores, una bandera roja y la promesa de un orador un poco repetitivo de que su ejemplo seguiría vivo. El día de su muerte los astros giraron en la órbita de siempre, ninguna estrella brilló en el firmamento, a la sazón nublado.

No creía en el más allá, en el cielo ni en el infierno, pero existían tal como estaba cantado. Aunque no las tenía todas consigo, dirigió sus pasos al Paraíso, que destacaba a lo lejos por sus enormes rascacielos, con todas las luces encendidas. Controlaba la entrada un anciano de barba cana y túnica blanca, asistido de unos vigilantes jurados. «Los rojos al infierno», le espetó san Pedro, con ademán iracundo, mientras cerraba con su corpachón el paso y le señalaba con el dedo índice el lugar del fuego eterno. «Esto sucede por la caída de la Unión Soviética», pensó para sí, viendo pasar sin problemas a dos constructores a gozar de la gloria celestial. Luego el portón se cerró, y oyó risas del otro lado y cómo echaban la tranca. Dada la desfavorable relación de fuerzas, encajó la derrota y dio la vuelta. «¡Hay que seguir resistiendo!», se dijo. Ya se alejaba, cuando decidió retroceder sólo por el gustazo de arrear una patada a la puerta. Salía del interior del recinto un resplandor lechoso, como de campo de fútbol en noche de competición.

Camino del infierno se unió por no ir solo a una pareja de hippies y a un teólogo de la liberación que buscaban a Buda y otras deidades orientales con una guía para trotamundos en la mano y tuvo suerte, pues resultaron compañeros de viaje acogedores y experimentados. El hippy hablaba poco, sólo lo preciso, iba metido en sí mismo, pendiente del atajo, en tanto su compañera cogía flores o lloraba por un gato que habían perdido, y a veces discutían entre ellos si mudarse en vacas o en camellos. El teólogo de la liberación lo tenía muy claro, quería regresar de indio a Chiapas, así que no paró de sermonear todo el camino y de meterse con el Papa.

Persuadido de que la naturaleza imperecedera de la materia siempre le daría otra oportunidad, rechazó de mano un destino goloso y no quiso reencarnarse en *master* del universo, diputado, héroe de película, ciclista famoso, ni en nada parecido. No era lo suyo. Porque le pareció lo mejor para la causa, su alma viajó hacia un mamut congelado con todo el rebaño en una sima de la estepa siberiana.

Allí está en compañía de otros locos de igual suerte, con los colmillos retorcidos y el pelo largo, bufando, dispuesto a embestir de nuevo con todo lo sabido. Allí aguarda a que el efecto invernadero funda el hielo.

Un tipo raro, desafortunado.

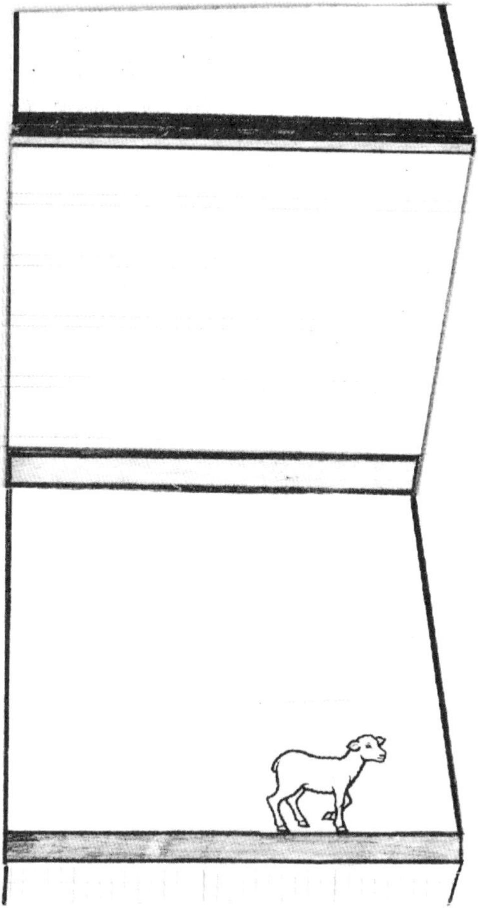

El guerrero del interfaz

El flexo proyecta su haz de luz sobre las sábanas y, fuera de ese círculo de esplendor, la habitación está en penumbra y, tras la puerta, anida en la oscuridad el misterio. No tengo sueño pero necesito descansar. Con la noche ha desaparecido de la calle el bullicio de la multitud, forzada a caminar por el colapso de la circulación. Estoy acostado, rememorando ese clamor o los anuncios fijos de televisión o el cierre de la bolsa, y no puedo evitar un cierto sentimiento de orgullo, una vaga excitación que me dificulta el letargo. Mantengo encendida la luz, mientras intento relajar y aguardo a que me invada el sopor. He desistido de leer, no soy capaz de concentrarme. Cierro los ojos, busco dejar la mente en blanco. Cometas y estrellas fugaces surcan el firmamento abierto bajo mis párpados. Siento que el cuerpo agradece el reposo y percibo con fastidio el zumbido de una mosca, acercándose y alejándose en sucesivos vuelos rasantes. No la veo pero oigo su intenso aleteo. Vuelvo a mis cavilaciones y me reconozco a mí mismo que cometí un fallo gordo. Actué antes de lo debido y resulté una de las innumerables víctimas del estropicio. Como los miles de viajeros del metro bloqueados en medio de los túneles o como los banqueros que perdieron el control de sus cuentas, salí perjudicado. Por mi culpa no funcionan el sistema semafórico ni los ordenadores de hacienda, y televisiones, periódicos, empresas y bancos trabajan a medio gas. Por mi culpa no operan tampoco los ordenadores de la sucursal bancaria donde todos los meses me abonan el desempleo ni los de la oficina que tenía que emitir las instrucciones ni los de sus respectivas sedes centrales. Trato de olvidar la mosca, pero lo osado de sus acrobacias atrapa mi atención y me suscita una creciente inquietud, que clama venganza. Puedo realmente morir de éxito: el contagio fue tan eficaz, tan destructivo, tan generalizado, que la desintegración de la red me impidió cobrar el paro, y estoy sin un duro. La falta de liquidez me cogió con la nevera limpia. Soy el dueño de una de las neveras más limpias de toda la ciudad, tanto que empiezo a sentir reparos de abrirla por temor a caer al vacío. No tengo en realidad una nevera sino un pasadizo hacia la nada. Reparto manotazos a un lado y otro, inútilmente, más por el deseo de descargar la rabia que por la confianza en dar en el blanco. Hago loas de mi ingenio y maldigo al mismo tiempo mi mala cabeza. Me felicito por urdir pacientemente un programa que desarticula el lenguaje binario, destruyendo los ceros, permutándolos por unos, mas lamento que la precipitación y el contagio me dejasen sin blanca. Me gustaría poder hacer una cosa y la contraria, pero sólo consigo ser contradictorio, cuestión muy distinta. Descubrí la forma de inhibir el guiño de los *chips* y de forzarlos a emitir una señal constante, acerté con un virus que los pone a piñón fijo y ahora no se me ocurre cómo afrontar la ruina ni siquiera a quién dar el sablazo. Veo con nitidez la mosca, una especie de bola negra motorizada, empeñada en disputar conmigo el cono de luz. Me sugiere la idea de un trozo de penumbra, despegado de la oscuridad. Me desasosiega como si fuera un ser maligno, un dragón enano y panzudo que llena de estelas tenebrosas el aire que respiro. No la soporto, no me puedo relajar mientras aletee sobre mis narices. Su presencia se me hace insufrible. Salgo de la cama, abro la puerta y enciendo la luz del pasillo, luego vuelvo atrás y apago la lámpara de la mesita. Sentado en la cama, aguardo en tinieblas a que la aviación enemiga abandone el cielo. Razono que la expulsión de la mosca viene a ser como ejecutar un programa que convierte de forma sencilla un uno en un cero y, al hilo de esa reflexión, vuelvo a discurrir sobre la hazaña. Apago después la luz del pasillo, cierro la puerta y palpando cubro la rendija inferior con una alfombra. Vuelvo a la cama y enciendo el flexo, dispuesto a gozar de la victoria. Hago balance del sabotaje. La oficina municipal del censo sufrió el impacto, su información fue destruida. La contaminación se extendió hasta límites impensables. Desconozco si la base de datos del documento nacional de identidad resultó también afectada, pero inutilicé al menos un archivo importante y la ciudad y medio país están patas arriba, faltos de *hardware* y de *software.* Me he propuesto acabar con todos los registros públicos donde figure mi nombre. No tolero que el estado escriba mi biografía. Aborrezco que ningún burócrata se inmiscuya en cosas tan personales como el nombre, la edad o el sexo, sustrayéndolos a la libre determinación del propio individuo. Me siento estafado cuando pienso que mi vida discurre encauzada capítulo a capítulo por las pistas de un disco duro, manipulado por funcionarios celosos de hacer pasar a todo el mundo por el aro. Oigo de nuevo la mosca. Me resisto a aceptarlo, pero percibo claramente ese ronquido perverso, tejiendo círculos concéntricos en torno a mi cabeza. Salto de la cama indignado, dispuesto a todo. Lanzo infructuosas bofetadas e improviso mudos pasos de ballet, enfundado en el pijama, hasta que la pillo paseando tan fresca sobre el cristal de la mesita, olisqueando motas de polvo con las antenas. Mientras se demora en el rastreo, cubro con la mano izquierda la salida y coloco la derecha en el sitio preciso para la embestida en picado. Me siento como gato al acecho. Largo un zarpazo enérgico, medido, y *Los pilares de la Tierra* vuelan por el aire. No me importa la suerte del libro, con tal de haber matado a la intrusa. Busco su cadáver por la mesita, por la cama, por el suelo, repaso desconfiado las paredes. No encuentro el menor rastro: empiezo a no tenerlas todas conmigo. Miro al espejo y veo reflejadas las piruetas de un punto negro que se esfuma en el espacio a mis espaldas. Me siento derrotado y ridículo. Regreso a la cama, apago la luz y me dispongo a dormir, fiando a las sombras y sus arcanos el armisticio. Con los ojos cerrados, medito que apagar el flexo fue como interrumpir la emisión de un *chip*. Me cubro entero con la ropa, hasta las orejas. Ya no se oye a la mosca, pero no puedo dormir con la aprensión de que pose de un momento a otro sus patas embarradas de mierda sobre mis sienes, mis mejillas o mi frente. El agobio ahonda en mí la conciencia de penuria. Actué como un conductor suicida por las autopistas de la información y ahora no tengo donde caer muerto. Es todo un síntoma que me quieran comer las moscas. Mañana tendré que buscar, como sea, algún remedio. Mientras me duermo, intento pensar en otra cosa y se me viene a la cabeza la idea de asaltar un banco. Abandonado a su hechizo, discurro sobre la forma de transformar un cero en una cifra de muchos dígitos. Empiezo a darle vueltas a la manera de dar el golpe y a verme dueño de un cuantioso botín. Resulta un sueño muy agradable.

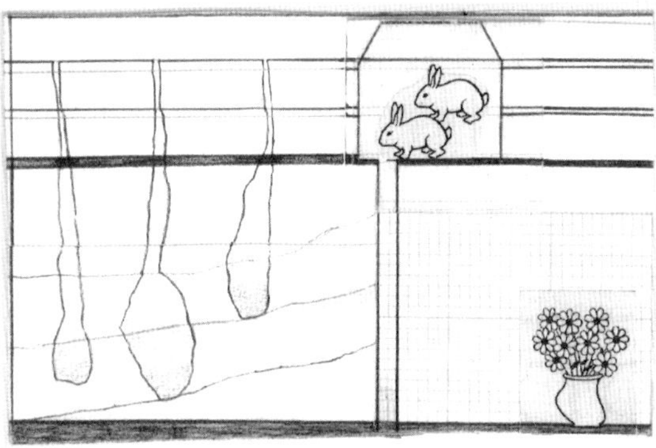

Maná

Oyó al final de la calle el estruendo de un vehículo en marcha, adueñándose de todos los ruidos de la noche, fundiéndolos en un único sonido de motor, todavía distante, y no hizo mucho caso, siguió atrapando dinero al vuelo, convencido de que la ocasión la pintan calva y ésta era la suya, sin saber ya dónde meter tanta pasta, mientras el cajero automático, completamente pasado de rosca, escupía billetes sin parar. Tenía embutidos el jersey y el anorak y el pantalón del chándal empezaba también a rebosar papel moneda, pero no se decidía a suspender el atesoramiento e ir por la mochila a la furgoneta, no fuera otro afortunado a ocupar su sitio. Había salido de casa flaco y sin un duro y estaba a punto de volver forrado y rico.

En algún lugar recóndito de su ser albergaba desde mozo la esperanza de mejorar de condición, dándole aliento en el sinuoso errar del paro a los oficios más miserables y de los oficios más miserables al paro. Había resultado una corazonada certera, una premonición cumplida en el momento menos pensado, en la situación más inverosímil, cuando se daba por satisfecho con currar como exterminador de plagas, justo después de realizar un buen trabajo, exhaustivo, riguroso, sistemático, que no dejó ningún rincón del local, ningún punto de calor, ninguna grieta u orificio sin insecticida. Venía de arrasar con todas las cucarachas y hormigas de una cafetería invadida por las plagas, victorioso en la guerra sin cuartel que libraba cada noche, unas veces matando insectos y otras ratas, unas dedicado a una lucha sólo preventiva y otras al exterminio total. Camareros y conocidos le llamaban *Terminator,* mas con el mote no hacían sino reconocer la importancia de su cometido: la ciudad supuraba pus por los poros, en sus entrañas albergaba un inmenso grano lleno de podredumbre, y él contribuía decisivamente a su desinfección. Gracias a ese esforzado poner coto al ejército invasor, la población se hallaba libre del saqueo por una fauna maléfica que se reproducía sin cesar, una especie de magma cuajado de criaturas voraces, portadoras de enfermedades terribles.

Así que su primera explicación del fenómeno fue que veía visiones, que pese a realizar el trabajo con mascarilla y guantes se había intoxicado con la pócima, que todo era un mal sueño, un engaño de su cerebro reblandecido, y en pleno aturdimiento confundió por un instante la salva de billetes con una nueva plaga, inmune a los venenos ensayados hasta la fecha. Pero, fantasía o realidad, la máquina despedía carga de modo compulsivo, en sucesivos espasmos que no dejaban tiempo a las reflexiones e imponían el reto perentorio de recaudar el ingente maná.

El rebosamiento del cajero había agitado el curso de las cosas como esos eventos que de pronto aceleran la vida y hacen que todo suceda con precipitación. Venía de guardar el material bélico en la furgoneta e iba a dejar la factura y devolver las llaves al dueño del bar, que le esperaba en una discoteca. Decidió sacar mil pesetas del banco para pagarse unas cervezas y tras teclear el importe e informar al dispositivo de que no deseaba hacer más operaciones, nada más retirar la tarjeta y el dinero, el cajero soltó un eructo, una especie de suspiro electrónico, y se puso a lanzar papel, al principio de uno en uno, después cogió marcha e igual que si sufriera un corte de digestión vomitó sin tregua toda la colección de mil pesetas y, cuando la hubo agotado, siguió expulsando billetes, primero de dos mil, luego de cinco mil y finalmente de diez mil.

Eran las dos de la madrugada del martes, la noche estaba fría y, salvo una pareja de jóvenes que iban a lo suyo muy abrazados, sin enterarse, nadie más pasaba por la calle, iluminada a medias por una luz amarilla que bajaba con desgana de las farolas. Consciente de que el caudal de dinero no procedía de su depauperada cuenta, con una mano apañaba billetes, lleno de ansiedad, y con la otra los metía entre la ropa, encantado de la vida. Al principio miraba cada poco a un lado y otro, vigilando la calle, pero el ritmo frenético del artefacto no permitía distraer la atención en precauciones. Según iba ganando confianza, se le disparaba la imaginación e invertía mentalmente cada taco de billetes en la compra de un objeto. En la barriga, el trasero, la entrepierna, las rodillas, el pecho, los brazos y la espalda guardaba amontonados un vídeo, un nuevo televisor, una motorola, un vehículo todo terreno, la entrada de un piso, un viaje o una caja de habanos. Le daban ganas de aplaudir o de frotarse las manos, loco de contento, y al no poder hacerlo, impedido por el trajín, notaba en cambio como si el rabo se le azotara impetuoso encima del culo. Arrancó silbando tangos y luego tarareó pasodobles, música pop, habaneras, un poco de todo.

Nadaba en la abundancia, cuando oyó a alguien moviéndose muy cerca. Fue un momento de angustia, dominado por el temor a perder el negocio, mas al volver la cabeza descubrió que el intruso era un gato, con medio cuerpo metido en una bolsa de basura, y se sintió agradecido de su compañía. Había billetes tirados por el suelo, pero declinó recogerlos por no verse desbordado por la cosecha.

Llevaba un rato millonario e iba camino de acabar multimillonario de forma bastante limpia. Se puso a dar saltitos sobre sí mismo, deseoso de apretar la carga y abrir hueco a la mercancía, mas el peso de la intendencia dificultaba los movimientos. Reparó entonces en su figura, devenida una especie de oso de peluche ejecutando una danza, e instintivamente volvió la cabeza en busca de testigos, a tiempo de divisar un coche de la policía avanzando por el centro de la calzada, próximo a llegar a su altura.

No había oportunidad de alejarse ni de esconderse, las cosas se ponían difíciles. El cajero seguía en plena arcada, largando billetes, y, si lo abandonaba, la sangría de dinero alertaría a los agentes, pero, si persistía en el acopio, su aire de plantígrado llamaría igualmente la atención. Se veía perdido, volviendo de nuevo a ser un paria. Hizo lo único que se le ocurrió: taponar la salida de papel con la mano.

El aparato empezó a atragantarse y regurgitar, sin frenar la marcha, convulsionado por la acumulación de efectivo. Parecía que iba a reventar, cada vez más estridente.

Sentía en sus dedos los empellones del dinero pugnando por salir, pero no era cuestión de rendirse, así que siguió sin titubeos obturando la ranura, mientras oía al vehículo detener la marcha y reclamaba ante sí mismo su inocencia. Tenía miedo, le parecía vivir una pesadilla, en su fase más crucial, más agobiante, otra vez se sentía contaminado. De nuevo no sabía si su mano obstruía la fuga de billetes o de bichos y empezaba a temer que a sus espaldas los policías enchufaran la manguera y le regaran de pesticida.

El aparato entró en cortocircuito e interrumpió los estertores. Se puso a encender y apagar luces como si diera premio, a emitir ruido de traca.

Veía las estrellas, notaba como si toda la energía del firmamento recorriera su cuerpo, haciéndole unas cosquillas terribles, obligándole a bailar una especie de twist. No podía despegar la mano de la hendedura.

El cajero soltó un chispazo fuerte y paró en seco, echando humo.

Aventado por la descarga, cayó hacia atrás, amagando perder el equilibrio pero sin llegar a caer. El sobrepeso en la base le mantenía en pie como a un muñeco tentetieso.

—¿Algún problema? —preguntó un policía desde el coche, asomado a la ventanilla.

—El cajero, que está fuera de servicio —replicó, aunque sonado, mohíno.

—Pues entonces circule —ordenó el agente.

Vio bajar del vehículo a dos policías, uno de ellos con un extintor. Temió lo peor, la hipótesis más negra se confirmaba. Preso del pánico, se puso en movimiento. Sentía que le quemaba la panza y que con las prisas la larga cola se balanceaba incontrolable de un lado para otro, obligándole a desplazarse en zigzag, sin orientación alguna a causa de la chamusquina del bigote. Sacaba fuerzas de flaqueza, poniendo distancia al chorro de espuma, tirando por la carga, fiado en hallar pronto el refugio refrescante de una alcantarilla. Un gato le salió al paso.

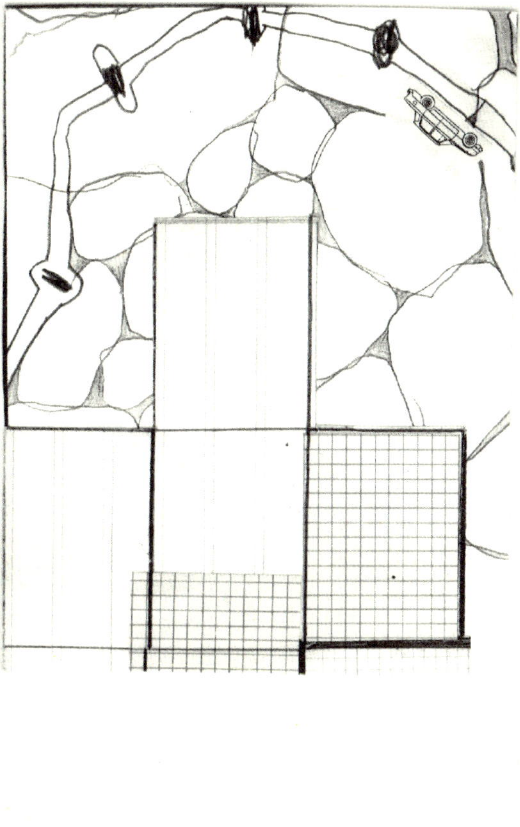

A ama a B

Personajes

A:	ama a **B**.
B:	prepara las oposiciones de bombero, lee el periódico al lado de **A** y mira a **C**.
C:	mujer joven, empleada en la consulta de un dentista.
CH:	novio de **C** que no aparece.
D, E y F:	toman unas copas con **C**. **D** está recién separado de su mujer.
G:	mujer de **D**.
H:	camarero.
I y J:	pareja de mendigos, probablemente yonquis.
K:	enseñante.
L:	marido de **LL**, muy presumido.
LL:	esposa de **L**, adivina de profesión.
M:	viuda, madre de **N** y **Ñ**.
N:	hermana gemela de **Ñ**.
Ñ:	hermana gemela de **N**, rizosa.
O:	camarero.
P:	portero del edificio en el que viven **M**, **N** y **Ñ**, está piripi.
Q:	africano, vendedor ambulante.
R:	corteja a **RR**.

RR: maltrata a **R**.

S: personaje al que se refiere una pintada anónima en el water de mujeres, celebrado por el tamaño de su pene en erección.

T: monitor del gimnasio donde se prepara **B**.

U y V: su amor se simboliza por un corazón al que atraviesa un flecha, grabado en la puerta del water de mujeres.

X: conocida de **K** del bachillerato, muy enigmática.

Y: amiga del bachillerato que cuenta a **K** un cotilleo sobre X.

Z: marido de X.

A ama a B

A ama a **B**, mas **B** no corresponde a sus sentimientos. **A** está sentada en la barra de la cafetería, en un taburete al lado de **B**, e intenta aprovechar la ocasión para iniciar una amistad que él no facilita, enfrascado en la lectura del periódico. Ella siempre tuvo ese amor por imposible y ahora considera una suerte la cercanía ofrecida por el azar, una especie de señal, de guiño del destino. **A** cruza las piernas, ofrece tabaco, fuma, pregunta la hora, suspira, se hace notar e insiste, no se corta; **B** tampoco, contesta con monosílabos y se amuralla en la prensa. **A** se siente atraída por **B** sin apenas conocerlo de nada, tan sólo de verlo cruzar por la calle o de coincidir en algún bar próximo a la peluquería donde trabaja. Un día lo descubrió, detenido en mitad de la acera, rascando el mentón frente a una agencia de viajes, concentrado en los anuncios del escaparate. Alto, fuerte, le gustó su figura, la parsimonia con que se tocaba la cara, reparó en su mano larga y proporcionada, el vello de los brazos le produjo una vaga excitación. Luego, mientras marcaba unos rizos, se imaginó en su compañía rumbo a un país exótico, a tomar el sol en una playa con cocoteros, volando sobre las nubes, cogidos de la mano, y vio también allá abajo el océano y en sus aguas azules un barco diminuto.

B conoce a **A** de vista pero la ignora, ninguna vibración, ninguna luz percibió nunca a su paso. Es una gordita estilosa que no le dice nada. Los mechones verde y naranja que iluminan su pelo le dan un aire extravagante, como de ave tropical, pero escaso atractivo. **B** viene de hacer gimnasia, descontento consigo mismo, un poco quemado. No se le da bien subir la cuerda, asciende a pulso pero no acierta a trepar trenzando la soga con los pies, y sin esa habilidad no puede aprobar las oposiciones de bombero. **B** se siente molesto por las interrupciones. Aunque no tiene mayor interés por lo que lee y apenas se concentra en el periódico, prefiere la letra impresa al palique que le ofrecen y lleva un rato atascado con la noticia de un individuo que tiró a su madre por el balcón. De vez en cuando suspende la lectura, levanta los ojos, busca en el espejo de la pared la cara de **C**, que toma algo en el otro extremo, acompañada por unos amigos. Desde donde está sentado, no puede verla directamente, varios clientes se interponen a lo largo de la barra. Le basta con su reflejo, con observar sus hombros y su cabeza moviéndose en ese mundo virtual que hay al otro lado de la luna, trata de toparse con sus ojos, sentir su mirada convergiendo en el mismo punto imaginario que la suya. Hubo un momento en que sus trayectorias se cruzaron, en que pareció que iba a reconocerlo, quiso retener el contacto, atrapar ese instante, e insinuó un saludo, a través del espejo envió una sonrisa que no acertó en el blanco y siguió de largo, desangelada.

C tenía el presagio de que CH iba a aparecer hoy por sorpresa pero es evidente que confundió los deseos con la realidad, así que desiste de vigilar más la puerta y vuelve la cabeza hacia D, cuya conversación atrapa su interés, en tanto E y F, un poco apartados, sin nada que contarse, guardan silencio y chasquean la lengua, expresando satisfacción, cada vez que dan un sorbo al cubalibre. Cumplen con la rutina de beber juntos, después del trabajo, antes de retirarse para casa. «Por hoy acabamos», dice F. «Ya», contesta E. **D**, E y F son practicantes y hacen horas por la tarde en una clínica especializada en sanar pies. C trabaja en el mismo edificio, en la consulta de un dentista, y algunos días al finalizar la jornada toma una caña de cerveza con sus vecinos, que la acogen encantados, felices de disfrutar de la compañía de una mujer joven y guapa, luego del penoso trato con las extremidades inferiores de las personas, de la contemplación de tantos ojos de gallo, durezas, papilomas, juanetes y malformaciones. Lo que une a C al grupo no es ese común aliviar a la humanidad de sus padecimientos, no son las afinidades profesionales sino el juego, el gusto por coquetear levemente con unos individuos que, pese a no tener atractivo para ella, de resultarle incluso mayores, la hacen sentirse mimada y cortejada, reconocida sin más complicaciones.

Cuando se encontraron en la calle, **C** preguntó a **D** por su esposa, nada más por preguntar, por cortesía, quizás porque no tuviera otra cosa que decir, y **D** se puso grave, un tanto rígido, y contestó con voz opaca que estaba bien. Luego quedó pensativo, no habló durante el trayecto, hasta que, dentro de la cafetería, haciendo capilla aparte con **C**, más serio todavía y un poco pálido, rompió el mutismo e inició el relato de su reciente separación matrimonial. **C** tenía ya bastante en la cabeza con el enfado de su novio, su estado de ánimo no era receptivo, y quedó algo cortada al principio. Nunca había entrado en confidencias con **D**, cuya amistad discurrió siempre por espacios acotados, en los que no había lugar para las intimidades, pero ahora escucha cada vez más conmovida el desahogo que mana caudaloso y asiente según se hace cargo de su dolor y su despecho y de lo mal que se portó **G** con él. «Es como si me hubiera clavado un cuchillo en el corazón», dice **D**. «Sin avisar», añade, y **C** entregada a la causa le da la razón.

E y **F** han tenido que estrecharse en la barra, para dejar sitio a una pareja de jóvenes que se abren hueco sin miramientos, y regresan junto a **C** y **D**, que interrumpe la narración y se hunde en el mutismo, esperando seguir cuando despeje el panorama. **H** duda si atender a los recién llegados, cuyo desaliño suscita su desconfianza, o prohibirles la estancia en el local, y mientras lo piensa pasa calmoso, en sus propios morros, la bayeta por el mármol del mostrador. **I** reclama con desparpajo una caña de cerveza e insiste, convencida de que sólo porfiando puede ablandar al camarero. **H** remolonea, pero termina por claudicar y pregunta también a su acompañante lo que va a tomar el señor. **J** pide otra caña y a continuación se dedica a abroncar a **I**, a quien reprocha haberse dejado requisar el dinero y la flauta por la policía municipal. «Yo, ¿qué iba a hacer?», replica la joven con tono de fastidio. No tiene ganas de discutir y se concentra en estirar los calcetines debajo del elástico del chandal para poner sordina al rapapolvo. Los rasgos de su cara son suaves, un poco infantiles, pero la persistente soflama provoca en ellos un enojo que evapora toda dulzura y endurece la expresión. **J** no ceja, el hermetismo y la pasividad de **I** aumentan su ira. Habla con voz gangosa, desgranando moroso las palabras, sin variar el tono, y mantiene los ojos clavados en el perfil marmóreo de la chica. Según se prodiga en la riña, le va saliendo cara de malo.

K está sentada sola en una mesa, con el refresco consumido, sin nada que hacer, pendiente de la bronca, mientras suena en la cafetería como música de fondo una versión orquestal de *Los niños del Pireo,* que le infunde una cierta nostalgia. Ya iba a marchar, pero fue quedando colgada de la historia y trata de no perder detalle, intrigada por el desenlace. El tipo le resulta desagradable, le repugna su aspecto chupado, como derretido, le disgusta su actitud gruñona, el mal trato, ella en cambio le suscita compasión. Por la pinta y por lo oído, deduce que son mendigos, probablemente yonquis. Siente una mezcla de respeto y de recelo por su condición, por su destino adverso. Piensa en el aguante de algunas mujeres con los hombres. Recuerda lo que se dice de esas amas de casa que revisan mentalmente las tareas domésticas del día siguiente, mientras su marido copula encima. Le viene a la cabeza el cotilleo que le contó **Y**, una amiga del bachillerato, sobre **X**, otra compañera de estudios, muy enigmática ella, que compone menús y hasta inventa platos cuando en cumplimiento del débito conyugal yace abierta de brazos y piernas bajo el ogro de **Z**. Por segunda vez el joven la sorprende mirando, lo que la incomoda y fuerza a disimular. Intenta parecer distraída, concentrada en otra cosa, echa mano al bolso y saca de su interior los impresos que recogió en el instituto para matricularse en los cursos de una universidad de verano. Los lee y relee, la mirada sobre el papel, el rabillo del ojo y el oído en la pareja. Enciende un cigarrillo y lanza una nube de humo, que asciende lenta y compacta como una bola de algodón hacia el techo y luego se pone fofa, deshilachada, hasta diluirse en el éter y caer sobre los parroquianos en forma de lluvia tenue de nicotina y alquitrán. **K** ve a la chica marchar precipitadamente, avanzar sola hacia la puerta con ademán un poco airado. El joven, sorprendido, la increpa desde la barra, y ella contesta con una exclamación ininteligible.

I se cruza en la puerta con **L** y **LL**, que ante las prisas tienen que hacerse a un lado. **LL** recupera pronto la iniciativa y avanza pasillo adelante, tiesa, ancha, enjoyada, con un movimiento lento, casi majestuoso, que une la traslación del cuerpo a la rotación de las caderas. Detrás camina **L**, su esposo, flaco y estirado, respirando el intenso aroma, como de maderas de oriente, que va dejando su señora. Dirigen sus pasos hacia el fondo de la barra, donde hay sitio libre. Llegan cuando **J** marcha y se instalan en el espacio abierto antes, a modo de cordón sanitario, en torno a la pareja de jóvenes. Ayudada por su marido, **LL** se sienta en un escaño y, una vez acomodada, echa una mirada circular al establecimiento, deseosa de ver quién está y quién no, en busca de una cara conocida que saludar. Hace una seña y sonríe a **M**, que se encuentra en una mesa tomando un piscolabis con sus hijas, en tanto **L** se examina en el espejo y se causa buena impresión a sí mismo. El hombre llama luego a un camarero que da unas caladas a un pitillo arrimado a la puerta de la cocina. En la espera, **L** toma asiento, se mira de nuevo al espejo y frunce la cejas, tratando de evocar con el gesto un vago e imaginario parecido con Marcelo Mastroianni. Junto al rostro del actor asoma la ajada cara de **LL**, haciendo en la película el ingrato papel de *mamma* muy maquillada. Tras **LL**, **D** reanuda sus confidencias con **C**, y **E** y **F** beben el segundo cubalibre, enzarzados en una conversación de fútbol.

O sirve al matrimonio lo mismo de todos los días, unos vinos finos y unas aceitunas, e intercambia con **L**, a quien llama don **L**, puntos de vista críticos sobre el estado del tiempo. **LL** devora inmediatamente dos olivas y después da un sorbo al vino, en cambio **L** echa primero un par de tragos y luego prueba una aceituna. **LL** advierte a **L** que le recuerde al volver a casa la necesidad de sacar la ropa de la lavadora y luego pone oído a la conversación de al lado. «La soledad es más grande que el sitio que ocupaba ella», confiesa **D**. **LL** siente curiosidad por ver quien habla pero no puede volver la cabeza pues sería muy descarado, así que intenta con disimulo desvelar su identidad en el espejo. Percibe entonces una mirada lejana que se posa sobre su persona, la siente rondar una y otra vez, sigue la línea quebrada de su destello y encuentra el busto de un hombre joven, inclinado sobre un periódico, en el extremo de la barra. Gustosa del éxito y del mirón, mantiene la alerta. En la espera, localiza al interlocutor de al lado, un cliente de a diario, cuya pinta no le cuadra nada con las cosas tan sentidas que dice. Nota de nuevo unos ojos al acecho y descubre que no es ella la espiada sino la chica sentada a sus espaldas.

Cuando vuelve la cabeza, sorprende a **L** con la mirada caída en picado sobre la mujer que fuma en la mesa de enfrente, pero el hombre desiste con naturalidad del devaneo y pregunta a su esposa si se acordó de sellar la loto.

L se aburre con su señora, a la que se siente encadenado como el preso a la bola. Sufre el cansancio propio de quien lleva muchos años repitiendo un día y otro la misma vida con la misma persona, pero es un sentimiento domesticado, con el que convive fácilmente, sin que el agobio se eleve a mayores. Aunque le tienta a menudo, sabe que resulta complicado traicionar a **LL**, que en la vida no siempre se pueden hacer al mismo tiempo una cosa y la contraria, que su capacidad de seducción y su apetito están condenados a permanecer en cuarentena, así que se conforma con mirar. Todas sus aventuras se reducen a fisgar culos y tetas, a escrutar las redondeces femeninas que se agitan a su lado, cuanto más voluminosas mejor, a imaginar escenas, desnudos y posturas, a evocarse a sí mismo en esos trances de macho dominante y maestro de ceremonias. Le gusta la hembra que tiene enfrente, en la primera mesa, cuyo sujetador negro se transparenta bajo la blusa, le atrae su soledad, ese aire que irradia de mujer libre, sin prejuicios para enrollarse con quien le plazca. **L** no quiere líos con su señora, a quien a menudo dominan los celos, y avisa a un camarero para que rellene las copas de vino y reponga el plato de aceitunas.

LL vive enamorada de su marido, en el que aprecia conservada como en formol la apostura de siempre. La vida premió de forma desigual a uno y otro esposo. Mantuvo en **L** un cierto aire intemporal, resistente al envejecimiento, y la condición de subalterno en el banco. A **LL** la hizo marchitar un poco cada día, pero la dotó de talento para convertir en negocio su afición a echar las cartas y labrarse con la bola un prestigio profesional como adivina y una nutrida clientela. **LL** cree en su oficio y en sus poderes, se tiene a sí misma por vidente y viaja siempre que puede a todos los encuentros de esoterismo, deseosa de ampliar conocimientos y acumular diplomas en las paredes de su consulta. Entre ambos esposos hay un pacto no escrito, un pacto de hecho, mediante el cual **L** cede a **LL** su cariño y lealtad y a cambio perdura lozano, en tanto la esposa engorda y declina por los dos. A su manera, cada uno saca beneficio del convenio: ella disfruta de un marido guapo y él vive a cuerpo de rey con su mujer. **LL** vela por la observancia del acuerdo y mira con mosqueo a la mujer que está sola en una mesa, haciéndola sospechosa de coquetear con **L**.

Media hora después de llegar, **K** ha terminado por inscribirse para la segunda semana de julio en un seminario sobre lógica difusa. Sabe que se trata de un prejuicio, mas no puede evitar la sensación de que su soledad excita la curiosidad de los demás, que quizás empiecen a tomarla por persona rara y deprimida, como si el hecho de estar sola expresara siempre una carencia, nunca una opción. Suele combatir esa angustia desplegando alguna actividad que dote de sentido positivo al aislamiento, pero tras rellenar el impreso sufre el agobio de quedar sin coartada para prolongar su estancia en la cafetería. Aunque hace rato que tendría que haber marchado, demora hacerlo, todavía no oscureció y le causa tristeza meterse en casa de día. Los jueves acaba pronto las clases, hoy es el primero después del retraso oficial de la hora, la primera vez en muchos meses que sale del trabajo y no se encuentra con la noche echando el cierre. Le resulta agradable descubrir que el día continúa, que no está perdido del todo, que aún queda algo por vivir. No espera nada especial, ninguna aventura imprevista, ninguna pasión que la encandile, le basta con ver la luz del atardecer, anticipando el color del verano, y sentir pujante el latido de la calle. Antes de irse, a modo de prórroga, enciende otro cigarrillo y a la tercera calada cae en la cuenta de que lleva un rato con ganas de mear, por lo que decide acudir al retrete.

Con el movimiento de **K**, **LL** equivoca la trayectoria del maleficio, que vuela directo contra la taza que **Ñ** lleva a los labios en ese momento, deseosa de ocultar el sonrojo sufrido al descubrir en mitad de la barra a **P**, el portero de su casa, mirándola con descaro. A consecuencia del impacto, la taza se desploma sobre la mesa, estalla ruidosa como una bomba y avienta a diestro y siniestro el café descafeinado, que empapa un sandwich de jamón y queso, otro vegetal y una media luna, así como a la propia **Ñ**, a su hermana gemela **N** y a su madre. **M** tiene las solapas del astracán como una sopa y sin cortarse y a voces llama a su hija «¡imbécil!». A **Ñ** un color se le va y otro se le viene, los rizos del pelo se le estiran y encogen con el bochorno, mientras **N** hace acopio de servilletas de papel para secar la inundación y ruega calma a la madre.

El mal de ojo no agota su brío en el choque y rebota a la mesa de al lado, antes de seguir de largo.

LL se siente abrumada por el yerro, consciente del devenir incontrolable de un hechizo malogrado, temerosa de su propensión a armar un estropicio. Busca el alivio de un trago de vino y mira impotente para otro sitio. **L** está un poco alarmado, no puede creer lo que le pasa: ha descubierto que entre él y su imagen en el espejo fallan el mando y la coordinación, de tal modo que a veces, al tratar de moverse, su doble se resiste a la iniciativa y, como si desde lejos gobernara sus gestos, no le deja mudar de postura, pero, siempre que el reflejo pasa a la acción, su persona la secunda perfectamente sincronizada. No quiere inquietar a **LL**, aunque lleva unos minutos empujando en vano con los hombros, tratando de girar el cuerpo sin conseguirlo y empieza a ponerse nervioso. Nota que un extraño imán somete su persona a su imagen. Duda si pedir el auxilio de su señora o tirarse del taburete por probar a romper las ataduras con el ímpetu de la caída.

Avisado por **P**, **H** acude con una bayeta en auxilio de las mujeres y en un periquete limpia de natas el abrigo de **M**, frota las manchas de las hijas y asea la mesa. Sus reverencias contentan a la madre y serenan el temporal. **Ñ** aprovecha la tregua para irse con las ganas de llorar al water. **P** va por el tercer vino de la casa, está un poco piripi, y el incidente le anima a largar el rollo al vecino de barra, que levanta los ojos del periódico y escucha con desgana. **P** explica a **B** que conoce bien a la madre y a las hijas por razón de trabajo y sabe del mal café de **M** y de su patrimonio, legados por un marido que la dejó viuda, rica y humillada al parársele el corazón en brazos de una amante, le habla de la soltería de **N** y **Ñ**, ya treintañeras, provocada por el implacable cerco de la madre, decidida a que nadie más de los suyos la cambie por nadie, le cuenta que a **N** la abandonó, espantado, un novio con granos en la cara que leía el *ABC* y, como es casado, guarda para sí que un día, en ausencia de la madre y de la hermana, con ocasión de purgar los radiadores del piso, estuvo a punto de hacérselo con **Ñ**, que recibía con risas todos sus atrevimientos y se dejaba acariciar el culo.

B empieza a sentirse entre dos fuegos y no sabe como apagarlos. Antes hubo de leerle el horóscopo a **A**, que resultó ser Libra y tiene el día propicio para las nuevas amistades. Ahora se entera de que con la madre y las hijas vive un varón, un perro muy viejo que sobrevivió a varios infartos gracias a la respiración boca a boca que le hicieron sus dueñas. Renuncia a la lectura y cierra el periódico, va a esperar cinco minutos más a ver si llega un monitor del gimnasio que quiere proponerle un curro de ganar pasta. Hace rato que desistió de intentar nada con **C**, tanto por falta de correspondencia, pues la espiada le dio la espalda en el espejo, como por la desazón que le causa tropezar, en lugar de sus ojos, con las patas de gallo y los coloretes de una señora que, mientras alterna con su marido, se entromete en la trayectoria. No desea mirar pero la vista se le escapa sin querer para terminar secuestrada en los ojos de la mujer, y el reiterado encuentro, esa especie de indeseado abrazo visual, empieza a causarle grima. Cada vez que se repite el contacto, se cabrea consigo mismo, se reprocha su necedad que a lo tonto alimenta el juego y quizás equivoque a la quedona. El palique con el pesado de al lado le obliga a ofrecer un amplio flanco a la curiosidad de la señora, por lo que deja de prestar oído a **P**, gira noventa grados en el taburete y mira de frente a **A**, resignado a contestar a la pregunta que ella le hace: «¿siempre estás así de serio?».

El estrépito y la agitación de las vecinas han sobresaltado a **R**, que se percata de que algo no marcha bien con **RR**, que está fracasando el encuentro y se apresura a romper el mutismo con lo primero que le viene a la boca y no se le ocurre nada mejor que empezar una conversación sobre cine, que vuelve ostentoso el tedio de su amiga y la deja muda, mirando distraída a todas partes. **R** se siente preso de la plática iniciada, reducida a monólogo por falta de colaboración, es consciente de la indiferencia de **RR** por el tema, de lo desacertado del asunto, pero ha arrancado su discurso con un armazón tan sólido que no puede interrupirlo, pues haría evidente su contrariedad, parecería como si se hubiera cortado, y de seguir su desarrollo argumental teme que la exposición se prolongue más de la cuenta y suma a su acompañante en el hastío, con lo que el esfuerzo no sólo resultaría estéril sino además contraproducente. No sabe cómo salir del atolladero, mientras cita actores, directores y guionistas o desmenuza planos generales, primeros planos y *travellings,* cada vez más desconcertado. Las palabras brotan de sus labios desprovistas de acento, mal empastadas, con defectos de origen, y se dispersan por el aire, despegadas unas de otras, sin gas, como globos de feria incapaces de remontar el vuelo, hasta caer a plomo sobre la mesa o el suelo y reventar haciendo ¡plaf! El goteo de vocablos fallidos aumenta su desasosiego y la actitud desdeñosa de **RR**, que parece crecerse en el silencio. **R** admira en ella esa capacidad para llenar una reunión con sólo su presencia, como si le bastara decir «aquí estoy yo» y ya no precisara abrir más el pico para ganarse el respeto, poseedora de alguna suerte de energía que libra batallas victoriosas en la lid con las energías ocultas de los demás. Una intuición se abre paso en la cabeza de **R**, una especie de luz que se impone a todas las luces y despeja de dudas el camino a seguir: debe clausurar los juegos florales y acometer sin más preámbulos el abordaje. Razona que la única salida es huir hacia adelante, siente el deseo irreprimible de hacer lo que va a hacer y no lo duda más. Guarda silencio, posa su mano derecha sobre la mano que **RR** tiene encima de la mesa, la acaricia suavemente y mira a sus ojos con ánimo felino. Le toca mover a ella, piensa para sí. Sorprendida por lo extemporáneo del ataque aunque controlando el gesto, **RR** mira a **R** y esboza una sonrisa que empieza tierna pero se va cargando de malicia según advierte su expresión de carnero degollado. Luego, le agarra con fuerza la mano y, acercándola a la boca, la muerde con saña.

Delante marcha **C** a la que sigue **D**, algo más consolado, y luego vienen **E** y **F**, y después va **RR** y detrás **R**, hecho polvo. Más que visto, **B** ha intuido la figura de **C** en movimiento y, mientras aguarda a que pase a su lado, recuerda a la mujer en traje de faena, con bata azul cielo y medias blancas, apenas ocultando su desnudez, tan cercana, tan despampanante tras la tela ligera, evoca su trato coqueto en la consulta y se dispone a saludarla, gustoso de sembrar la simiente de una nueva amistad. C no le reconoce, contesta por puro mimetismo, inexpresiva, no hace ademán de parar y al alejarse hacia la puerta rememora sus infecciones de muelas, entonces gira la cabeza y envía un adiós más cordial al cliente. B se siente gratificado cuando regresa al palique con A. Le toca responder de nuevo, pero en ese momento aparece Q, risueño, exhibiendo en unas bandejas un surtido de relojes, cronómetros y despertadores. A sonríe a B y él la sonríe a ella y luego ambos sonríen a Q y le ponen buena cara y, bastante compenetrados, indican al africano que no quieren comprar nada. Q marcha con la música a otra parte y repite la operación con P, que coge un despertador y, en plan chistoso, grita «¡barato, barato!». A colecciona discos de salsa y B se inclina más por el rock, A es seguidora del Barcelona y B del Real Madrid, A prefiere la tortilla con cebolla y B se muere de asco si la tropieza entre la patata y el huevo, A sueña con unas vacaciones en el Caribe y B, de momento, sólo con sofocar incendios. A tiene unos ojos muy pícaros, que B contempla con gusto. Ella relata la historia del hermano de una amiga que se hizo insumiso, cuando irrumpe en el flirteo T, repeinado, inoportuno, con prisas, e informa a B que no se puede parar y que si le interesa el trabajo habrá de escuchar sus explicaciones caminando por la calle. **A** pone mala cara al recién llegado, no le cae bien el tipo, una especie de Sansón con jersey de cuello cisne que viene a chafar el cortejo. **B** se despide de ella muy atento y, cogiendo por el brazo al monitor, le pregunta, directo, por el empleo. **T** explica que el sueldo son quince mil pesetas por día y que se trata de sustituir a un jamaicano, enfermo de lumbago, en un espectáculo de *sexy-boys.* Acongojado e indeciso, **B** vuelve la cabeza hacia **A** desde la puerta y la ve marchar, ancha de caderas, el andar gracioso, camino del lavabo.

En tanto coloca la blusa y ajusta los pantalones, **K** se entretiene observando los mensajes escritos tras la puerta del water. Hay un corazón atravesado por una flecha, símbolo del amor entre **V** y **U**, una glosa de las gozosas dimensiones del pene de **S** cuando se encuentra erecto y una máxima, firmada por un colectivo feminista, que reza así: «si el hombre y el mundo son obra de Dios, la creación fue una chapuza». Alguien ha entrado en los servicios, **K** tiene la impresión de que una mujer llora frente al lavabo. Duda si salir o esperar a que calme las lágrimas, por no violentarla. Oye abrirse de nuevo la puerta y aprovecha para asomar fuera del water. La mujer sigue allí, sollozando, apoyada en la pared, pero gira la cabeza y esboza una sonrisa, como disculpándose por el llanto. Hay otra visita más, una joven de pelo teñido que al verlas exclama, espontánea: «¡es el colmo, un "gay" acaba de pisarme un ligue!». **K** y **Ñ** acogen con gracia el comentario, **A** se regocija también y mientras esparcen el alborozo llega del bar un ruido muy fuerte, como de vidrio roto. **A** sale a ver qué ocurre y regresa de inmediato, contando que se había hecho añicos el espejo de la barra y un señor estaba caído en el suelo. **K**, **Ñ** y **A** se miran perplejas, sin decir palabra, expresando con muecas su asombro, y a continuación la emprenden a carcajadas, unas a otras se contagian la risa, una risa tonta, desbordante, que no pueden controlar.

Índice